Puzzles

Find your way through

Climb the ladders

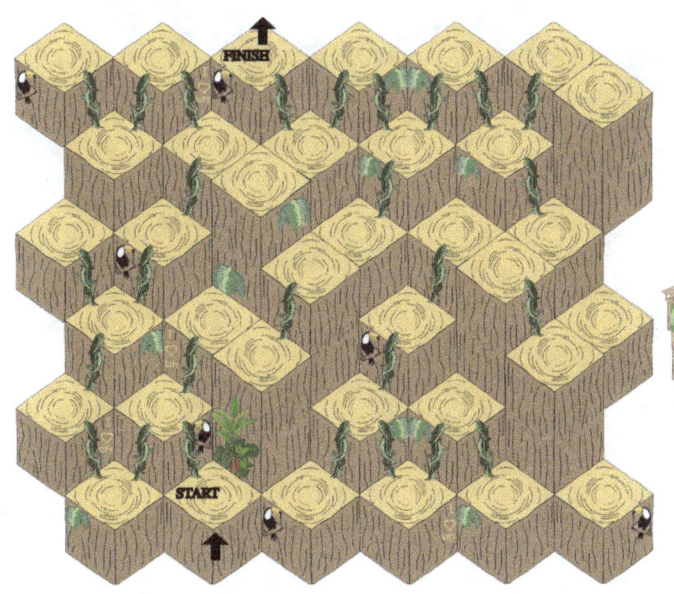
Climb the vines

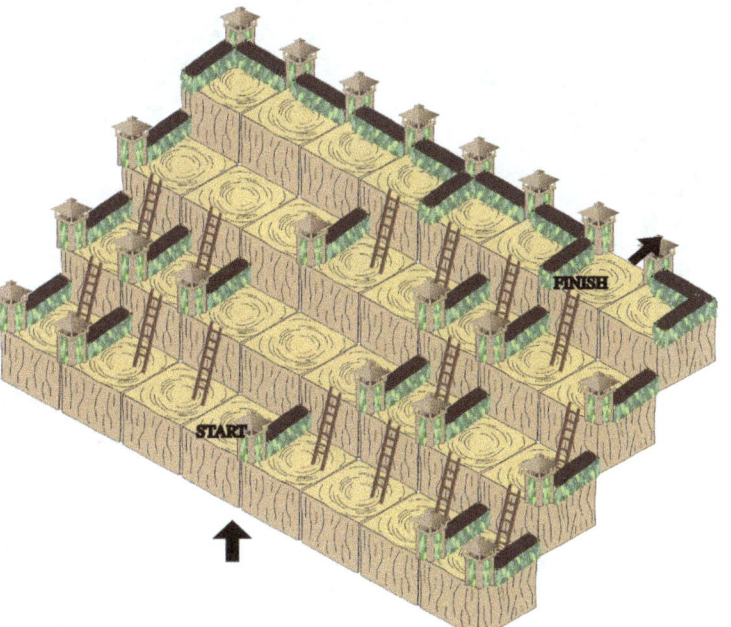
Get to the top of the stairs

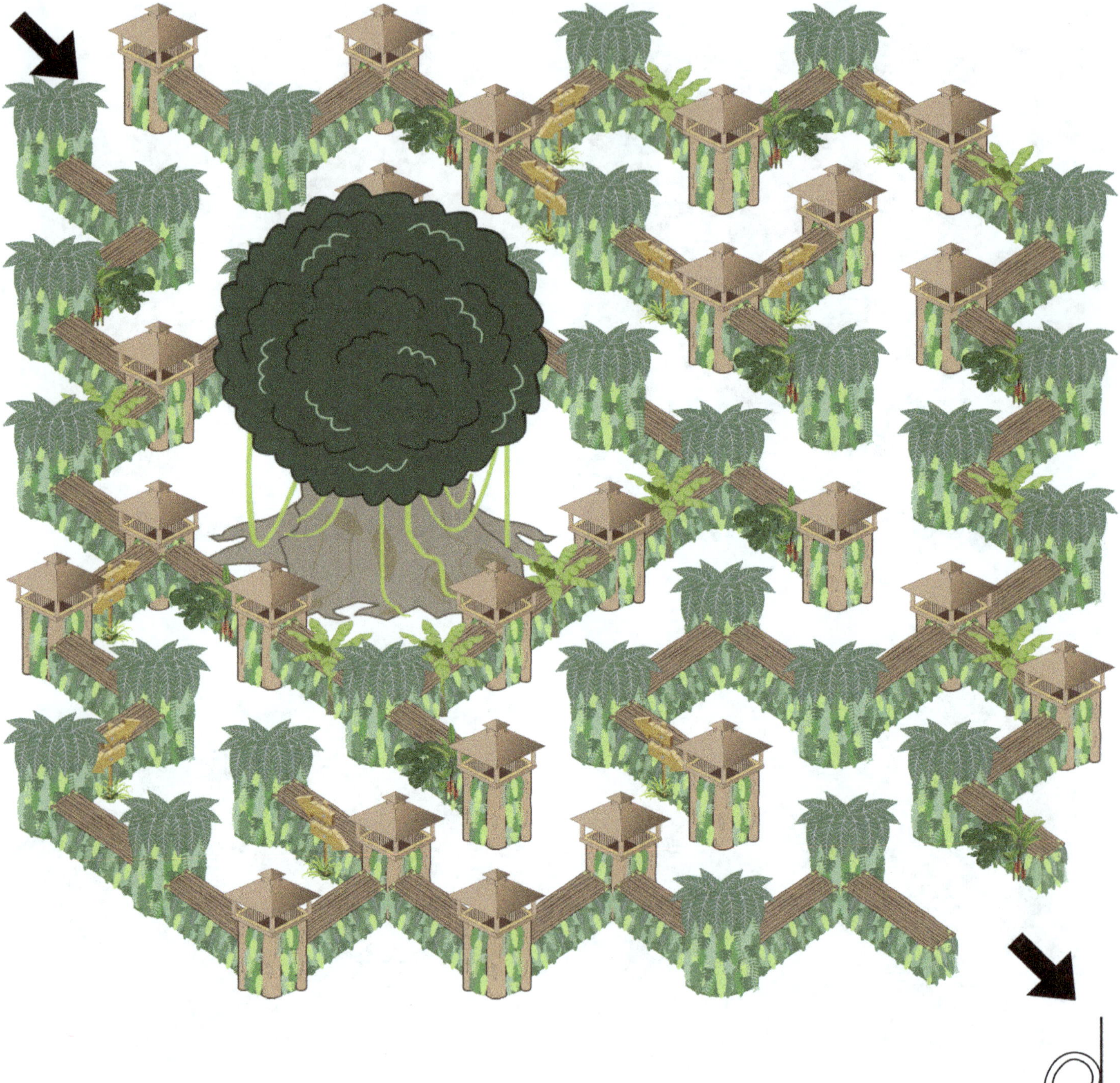

1

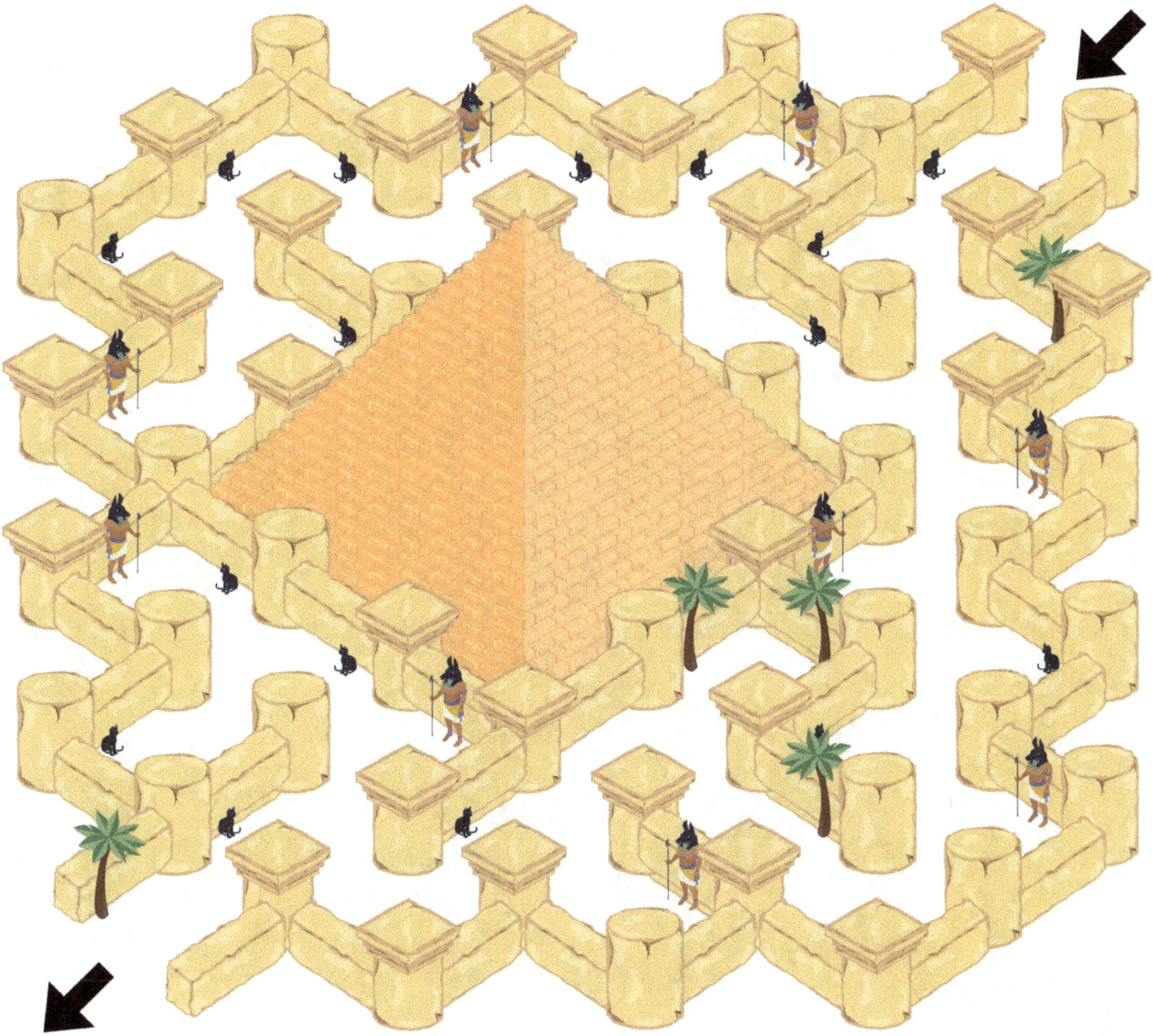

2

3

4

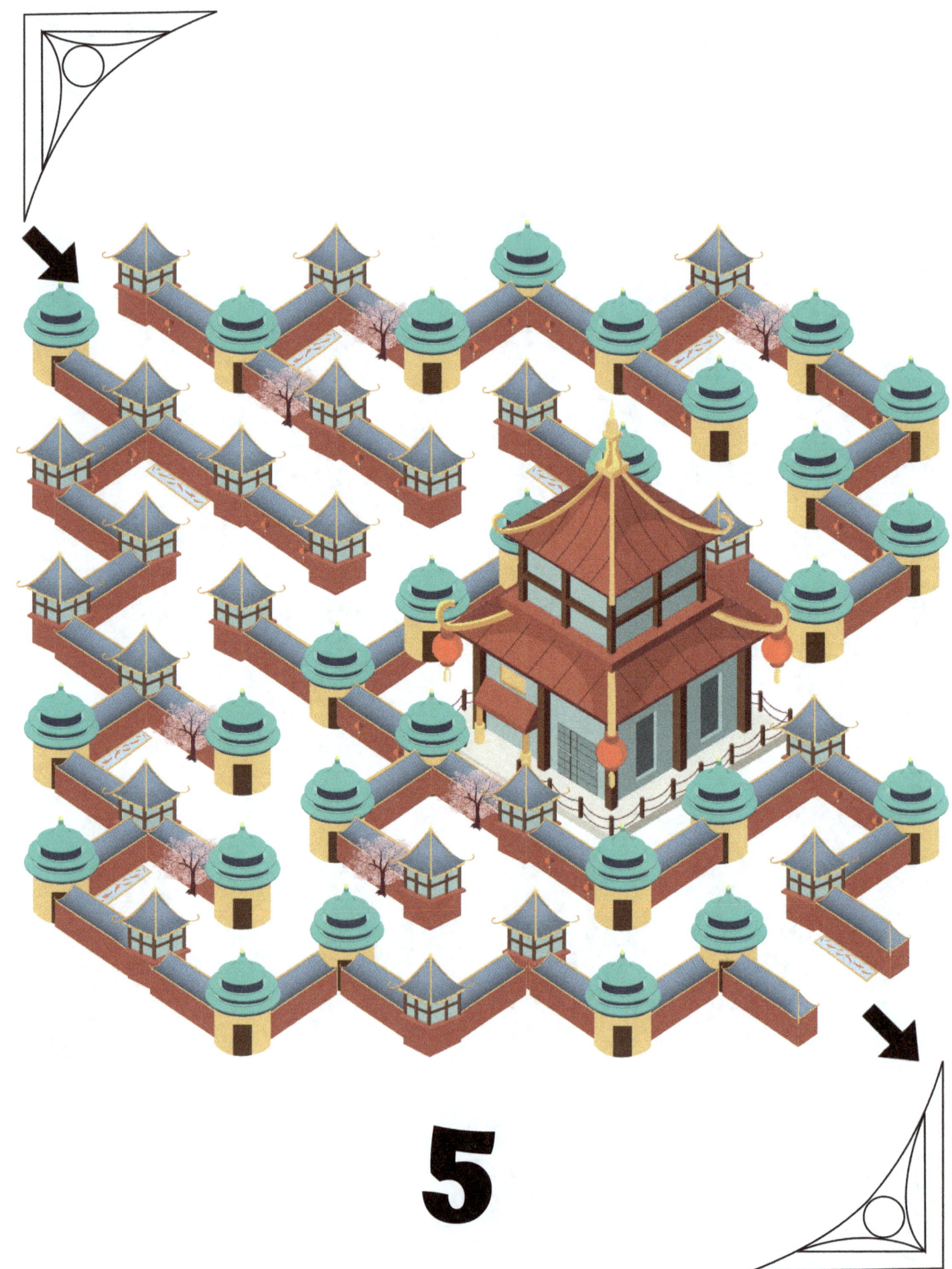

5

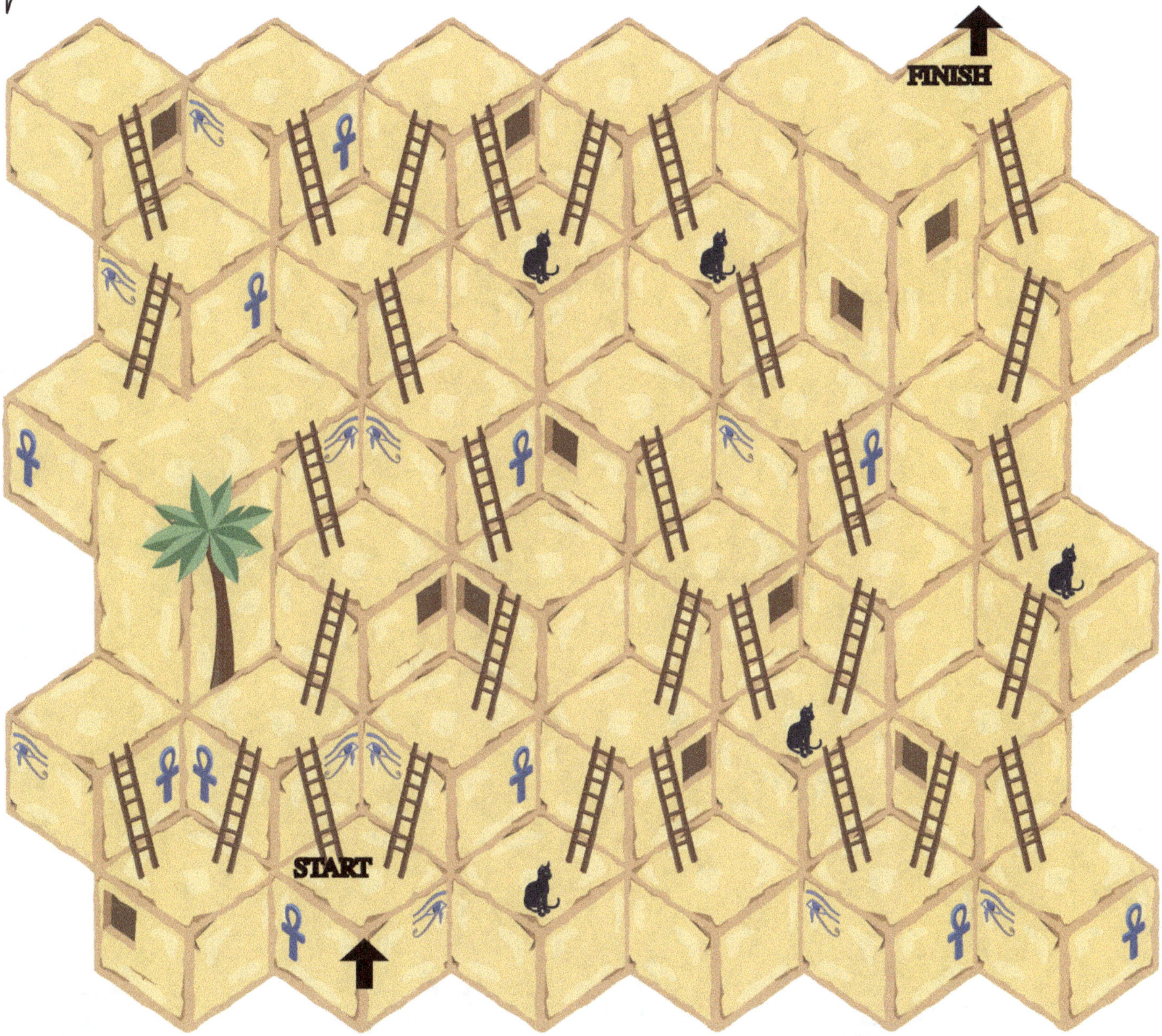

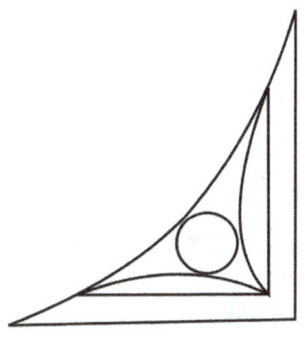

6

7

8

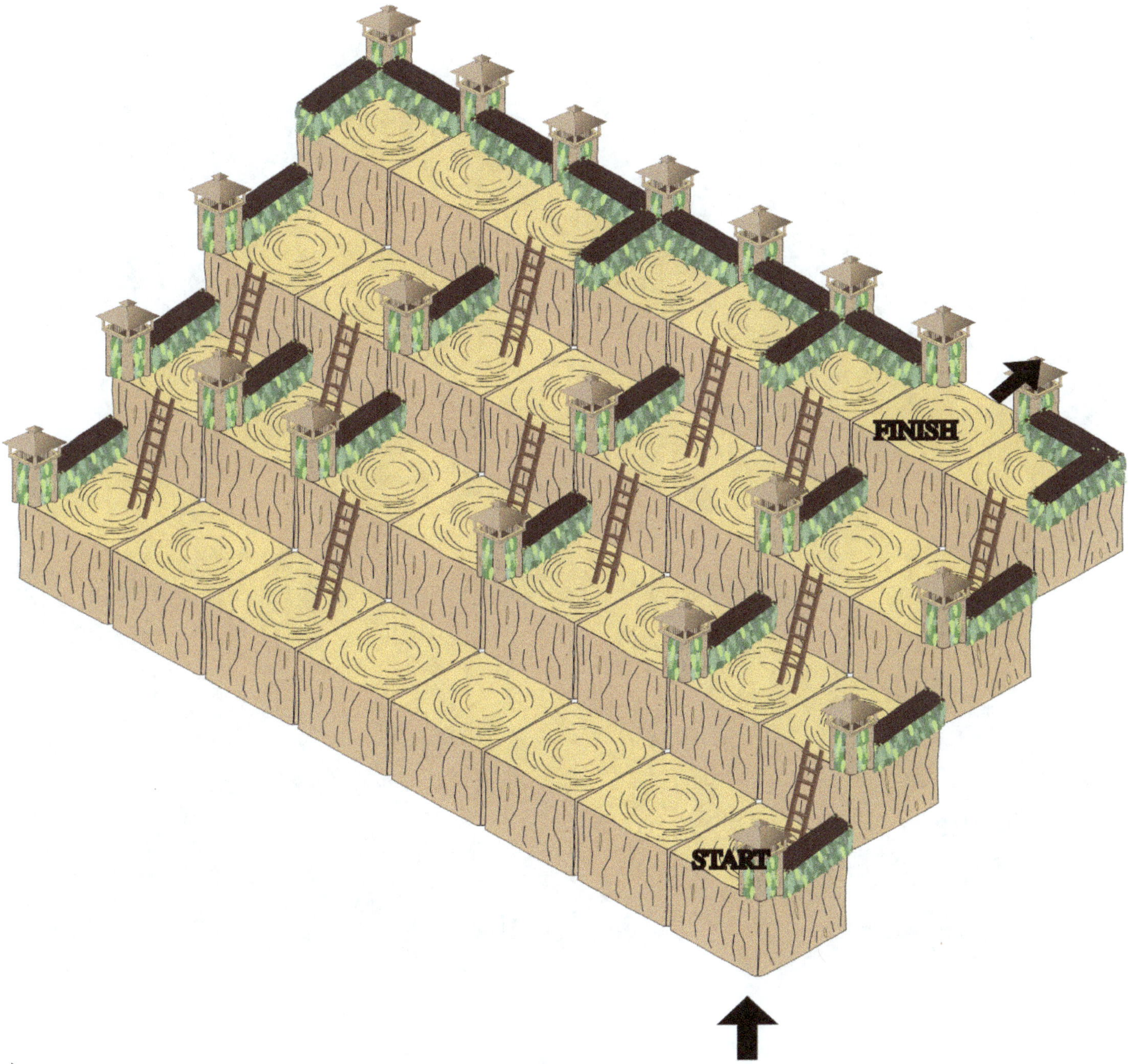

9

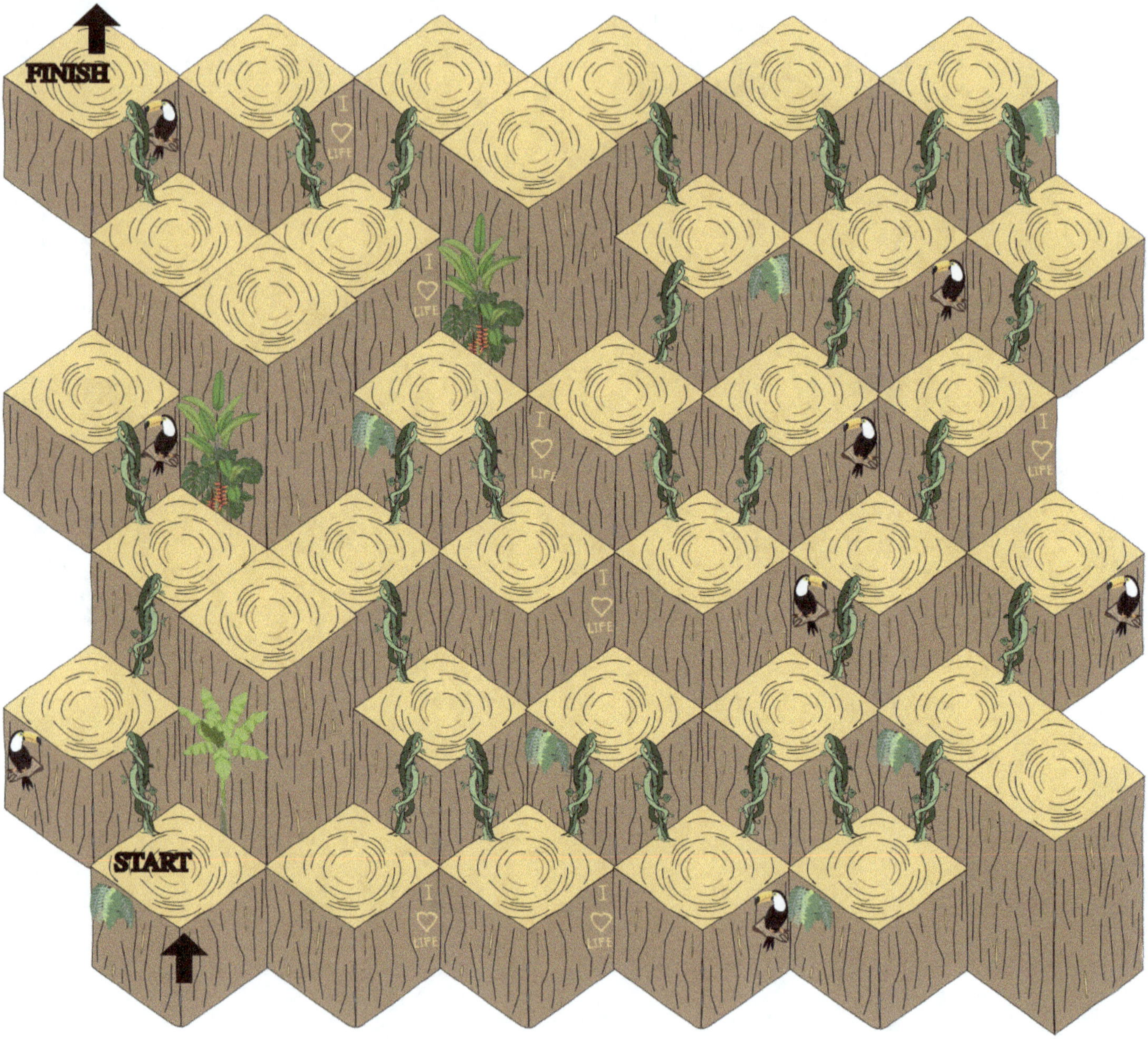

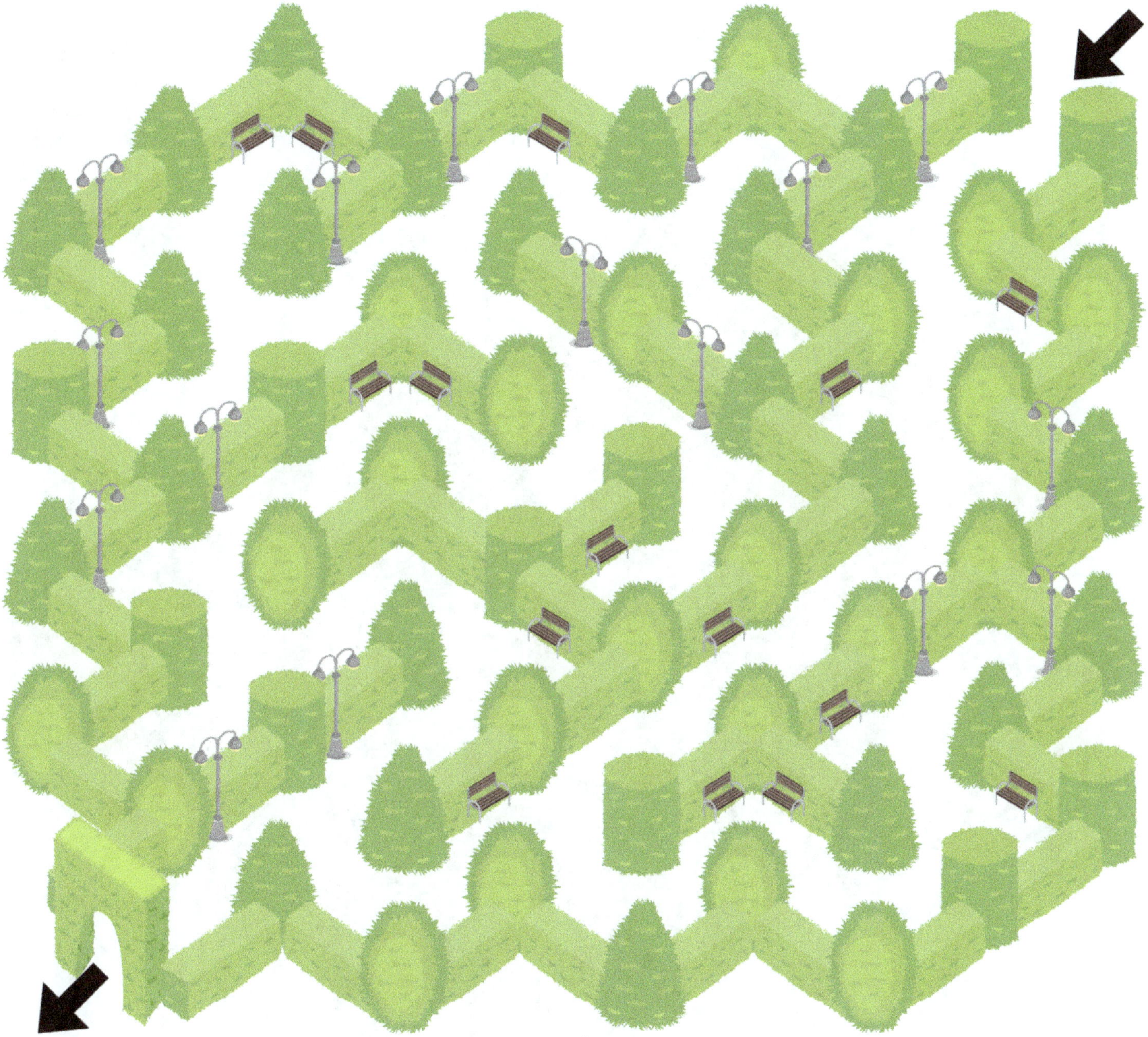

10

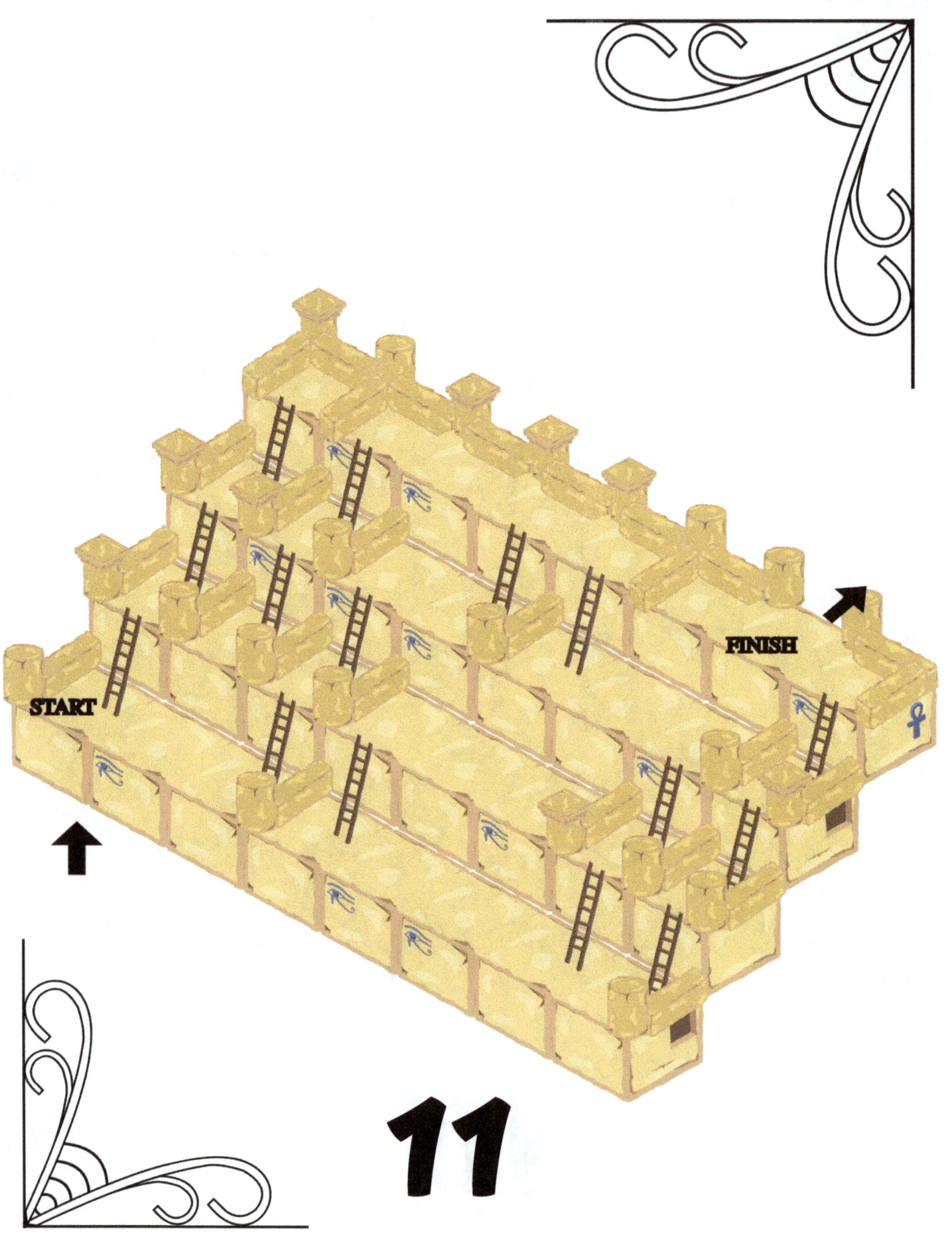

12

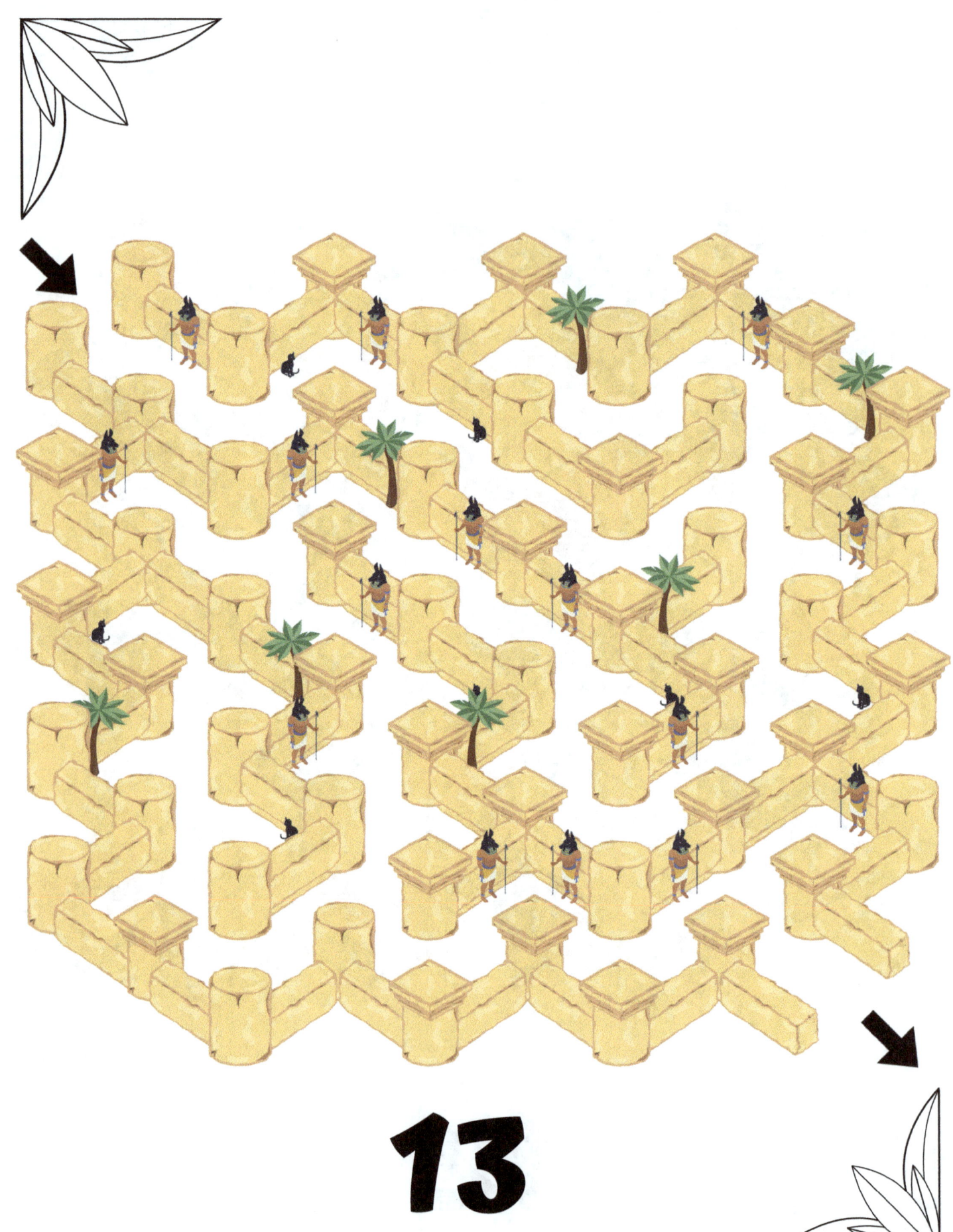

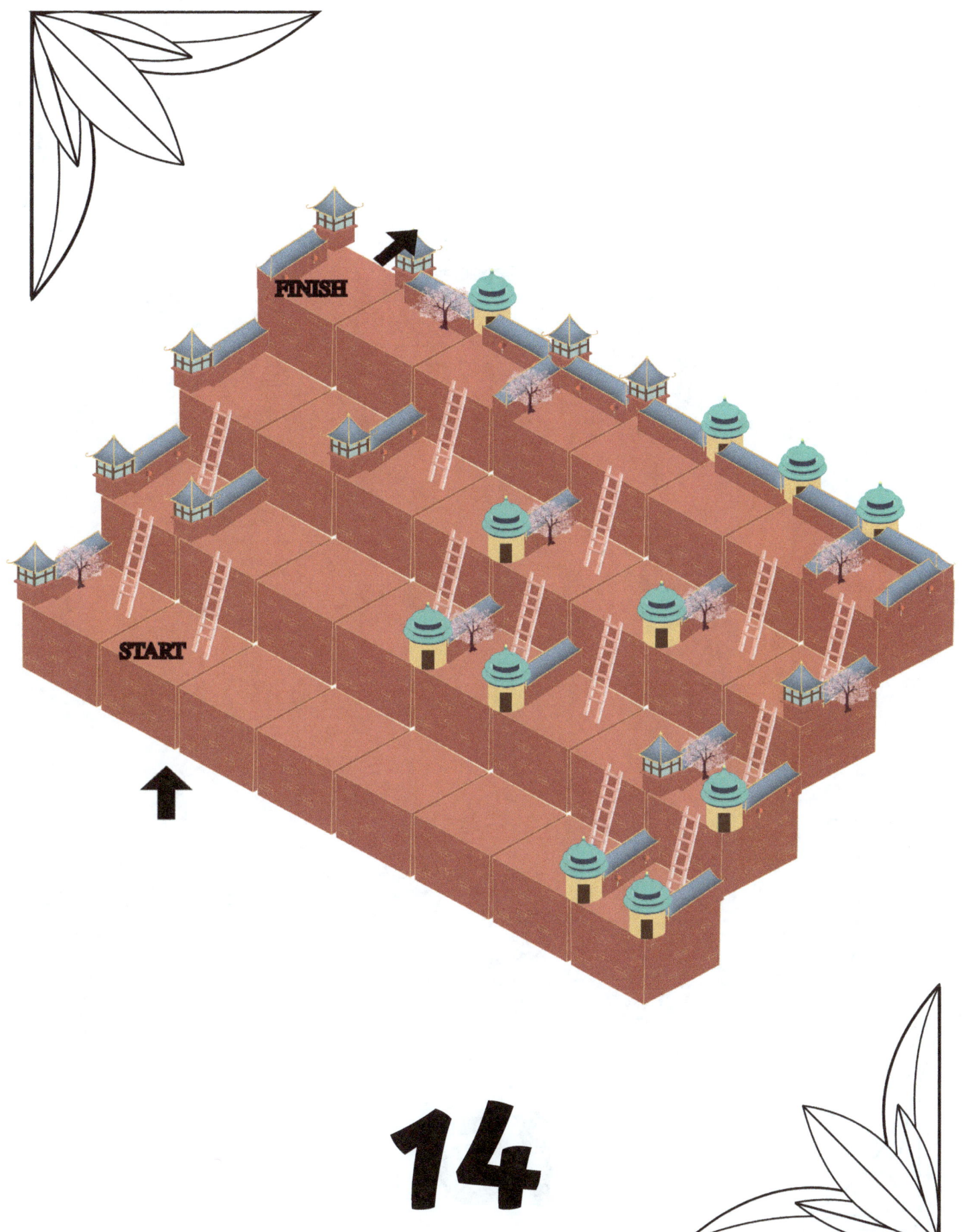

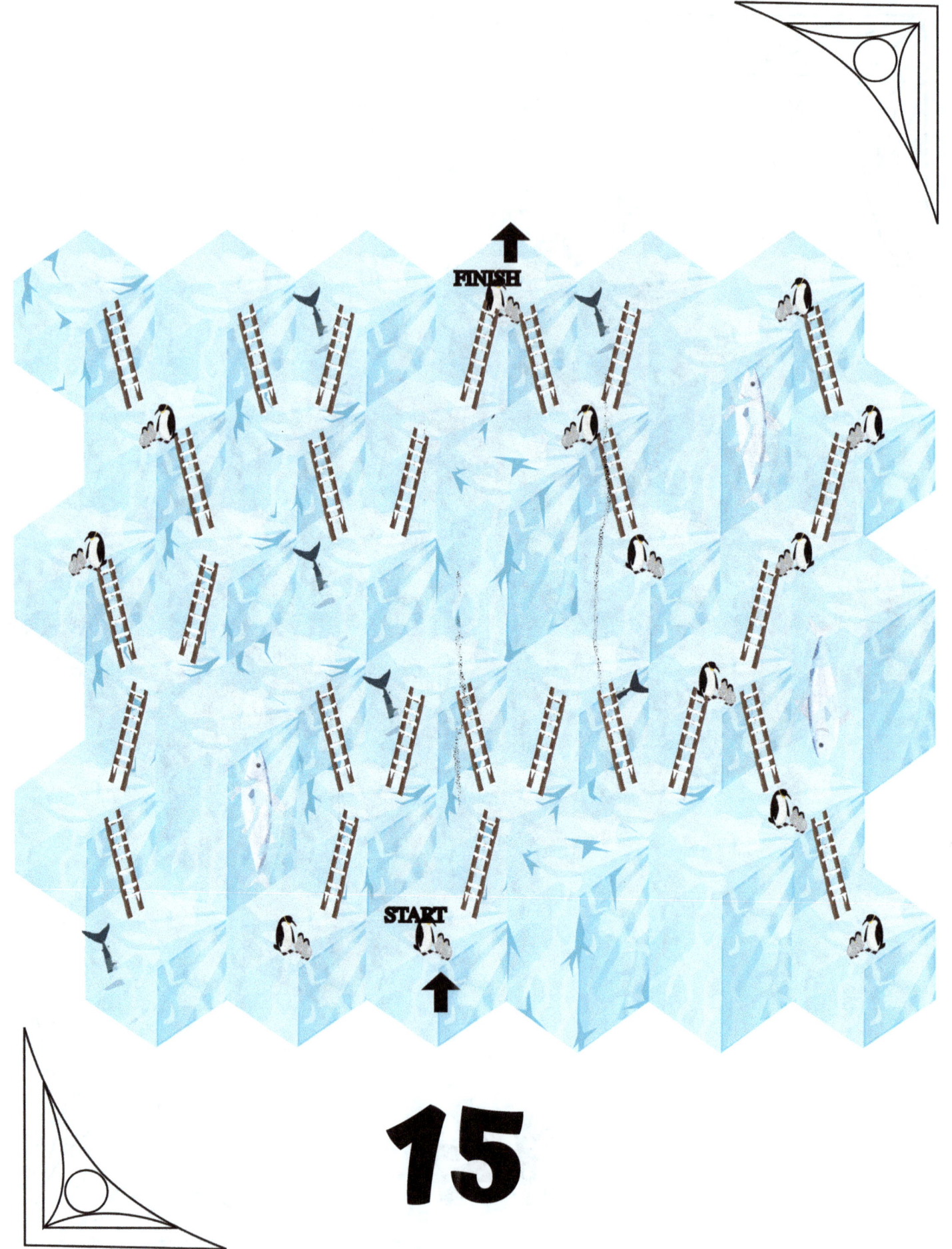

15

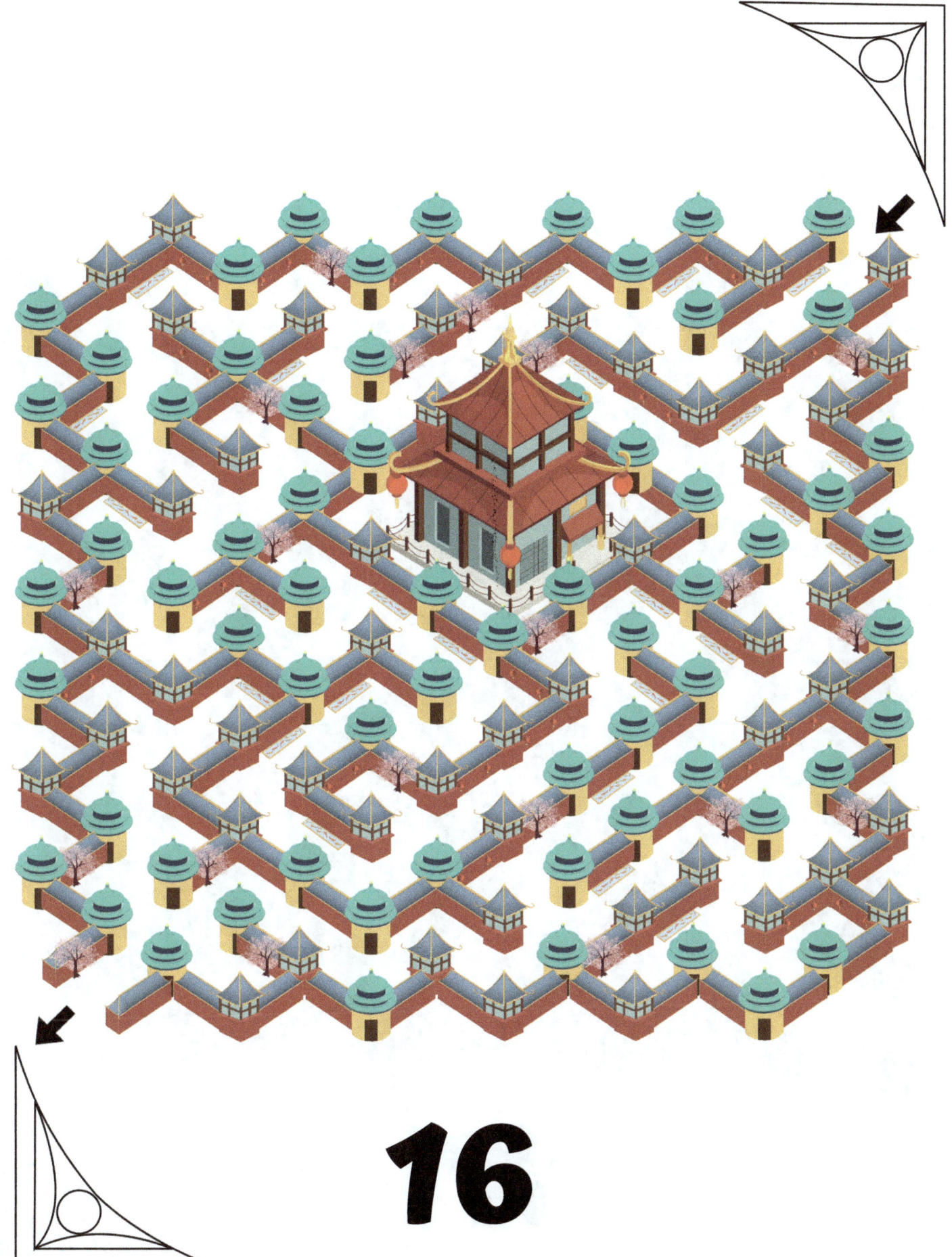

16

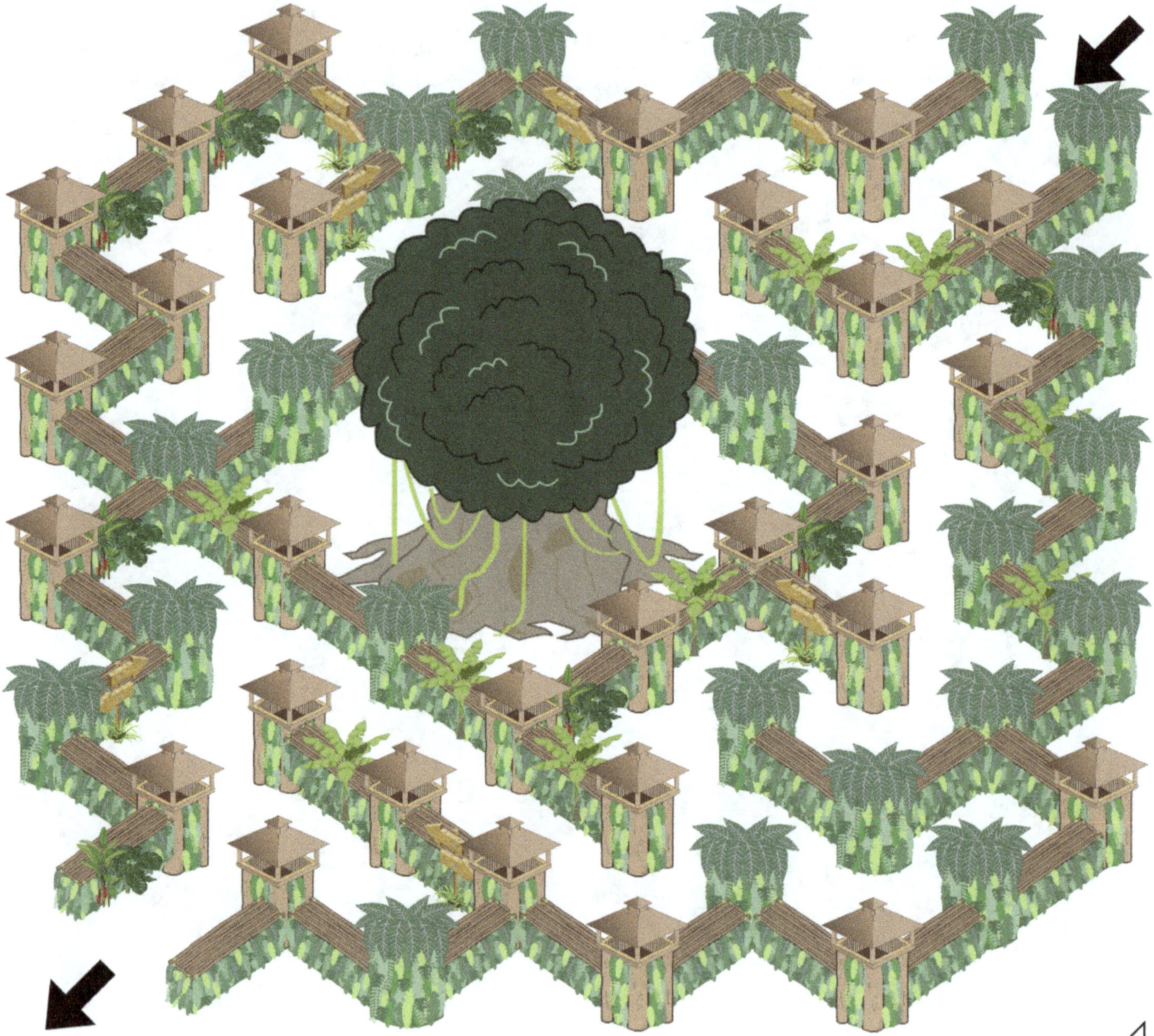

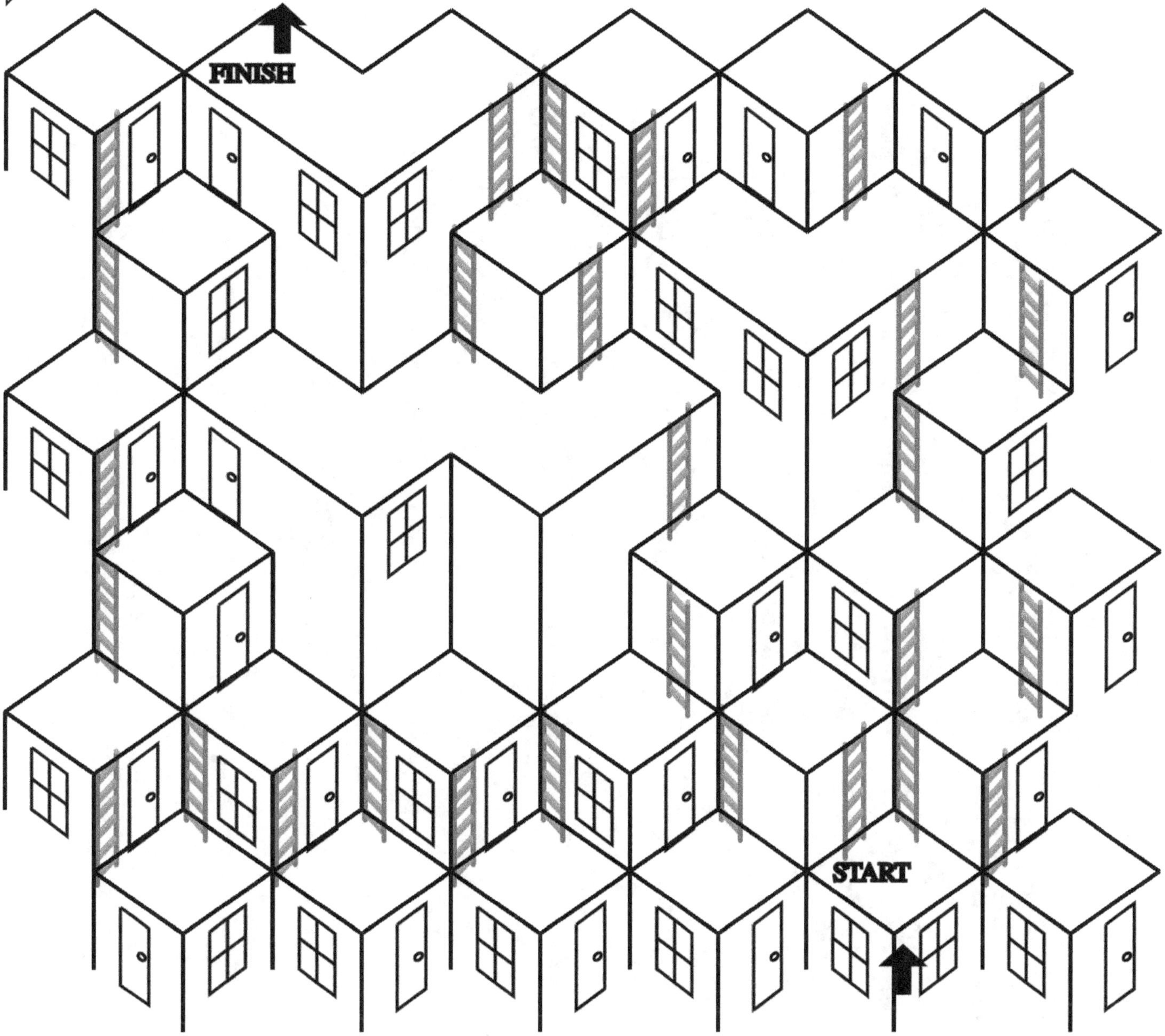

19

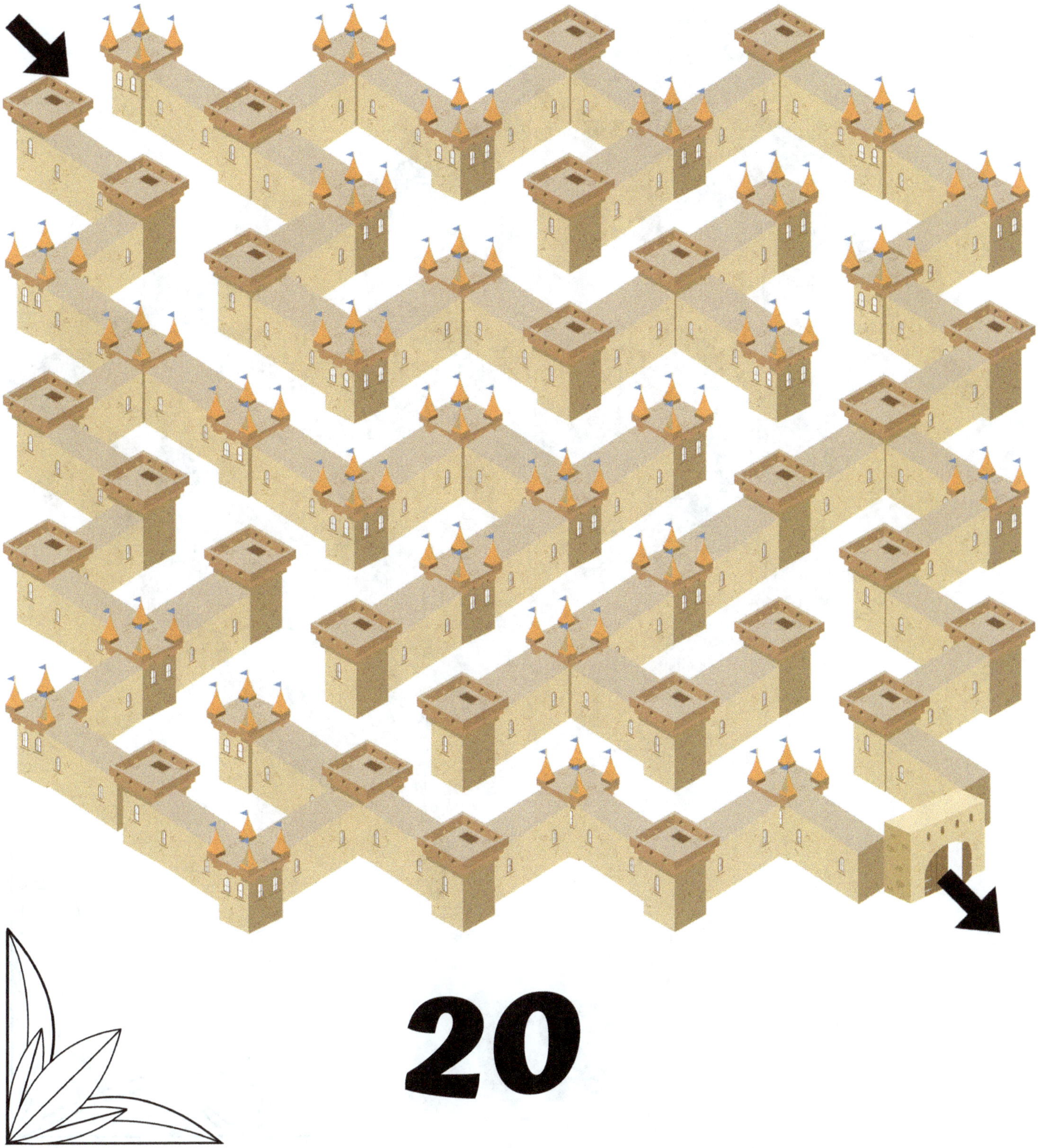

20

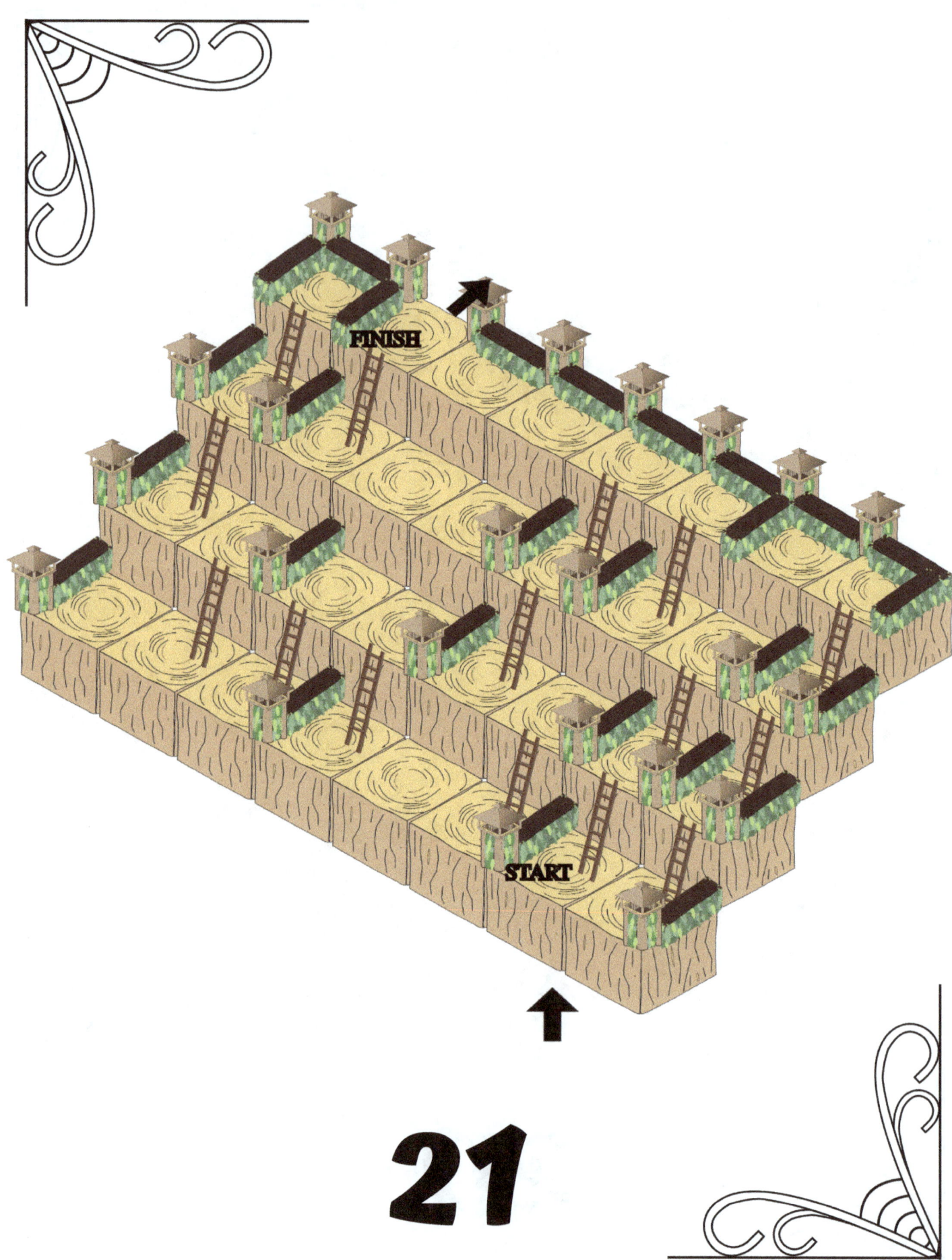

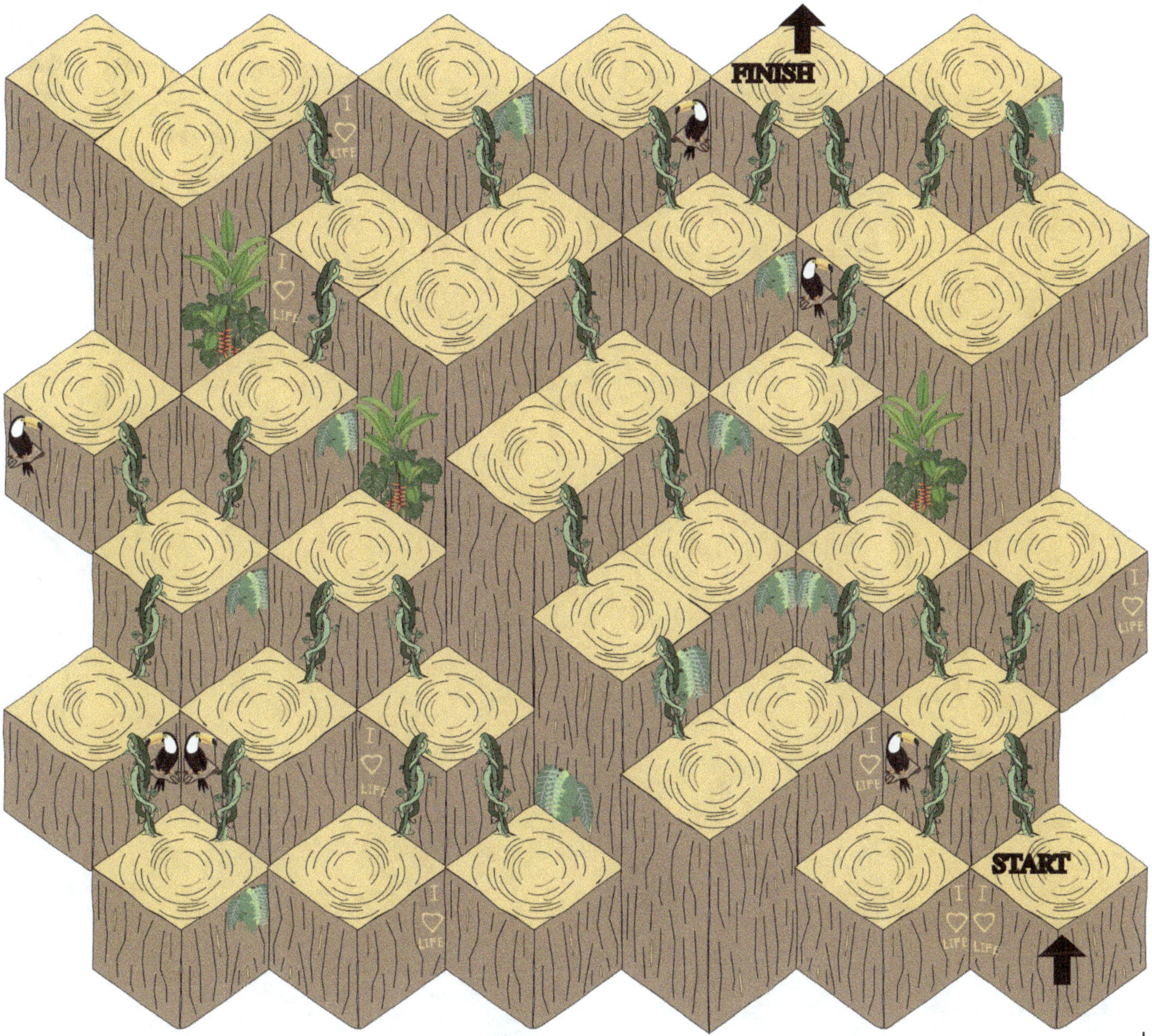

22

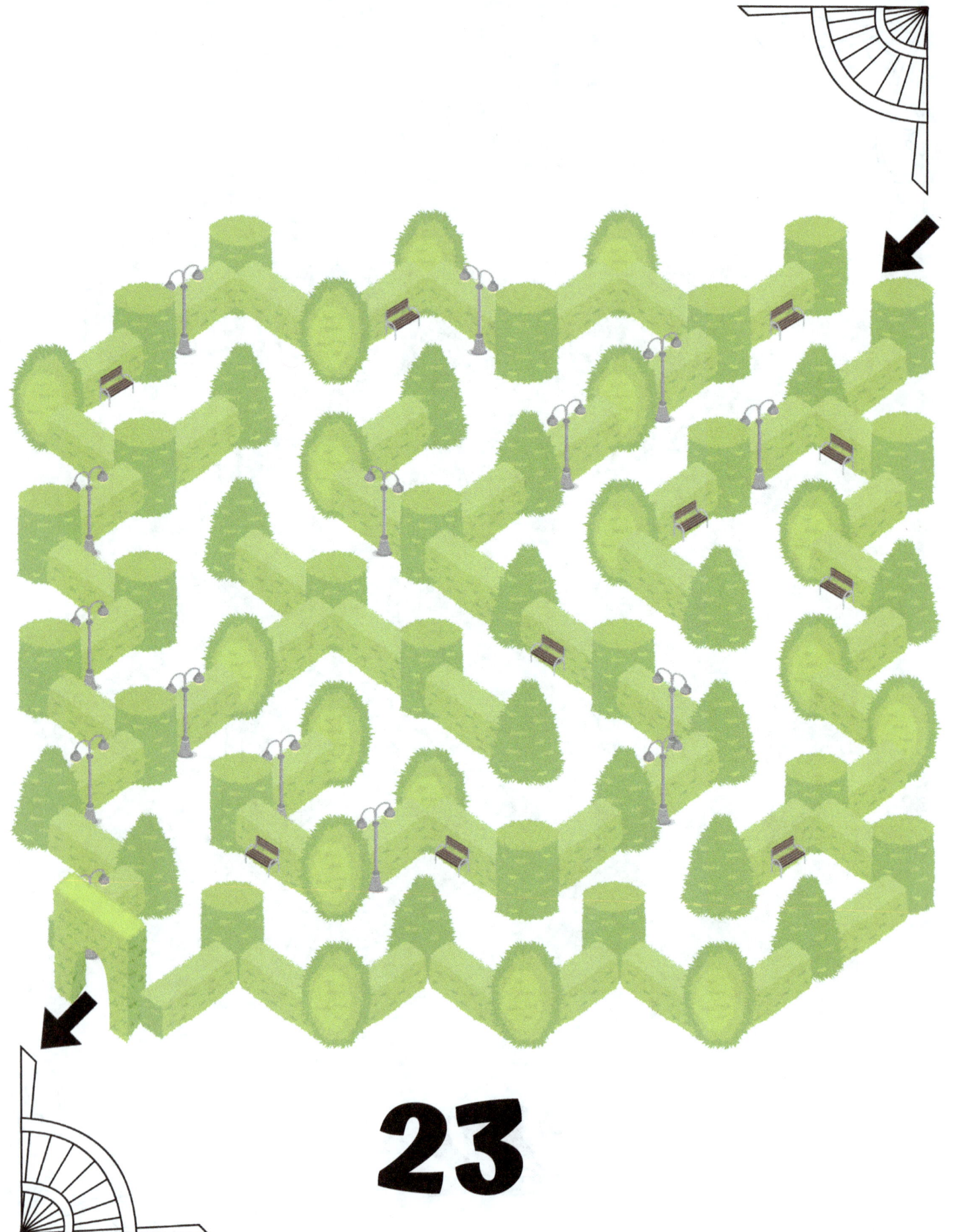

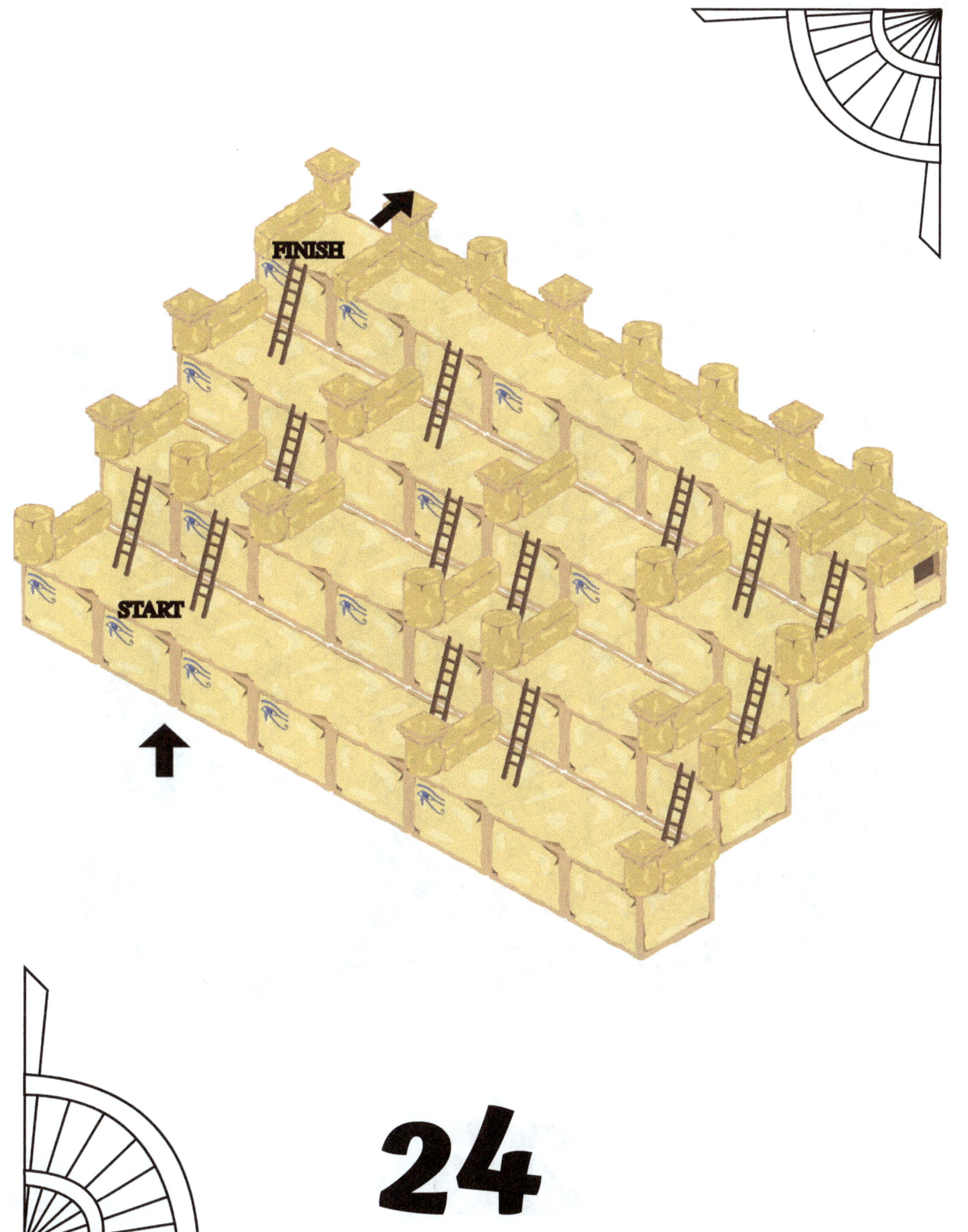

24

25

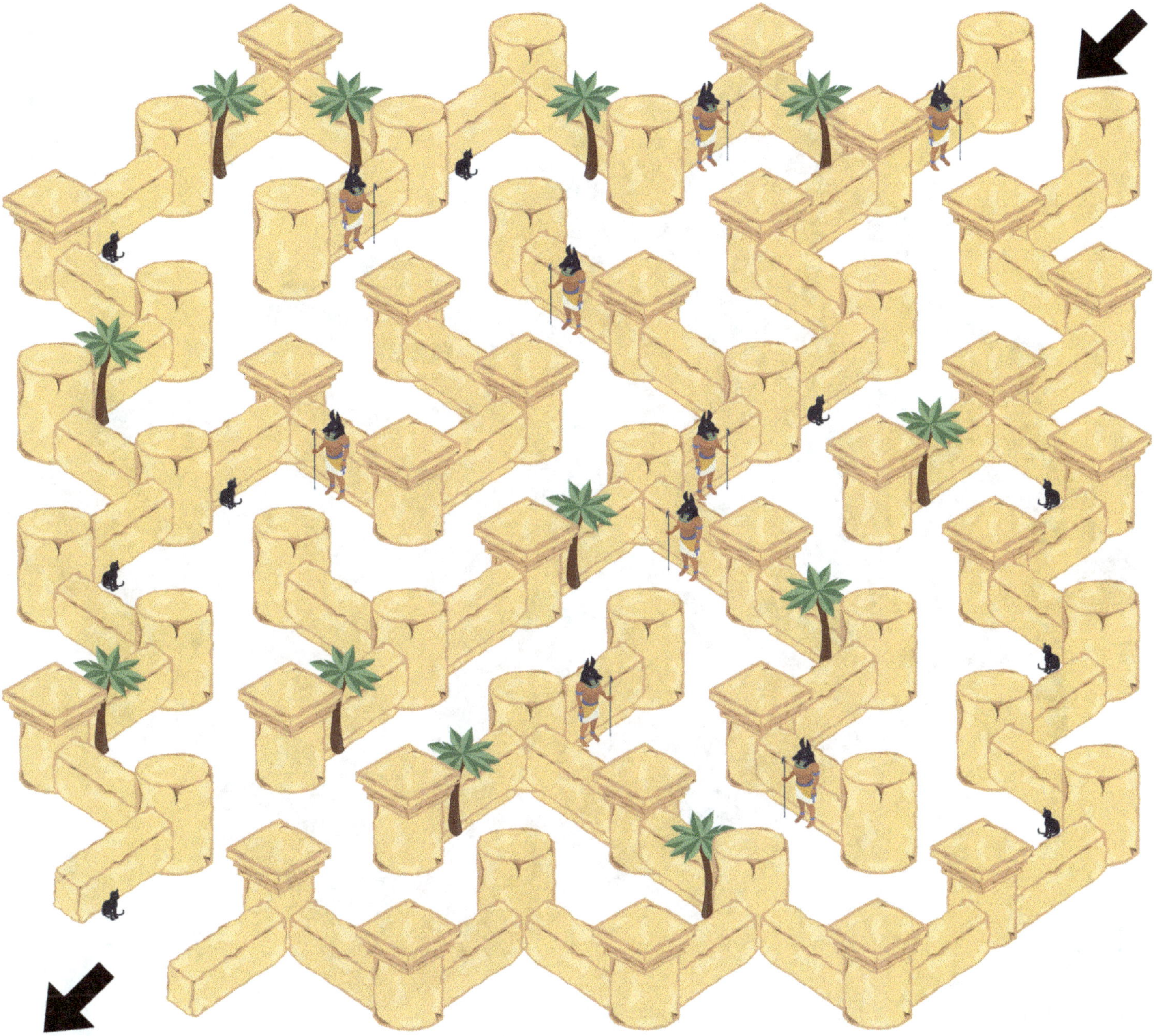

26

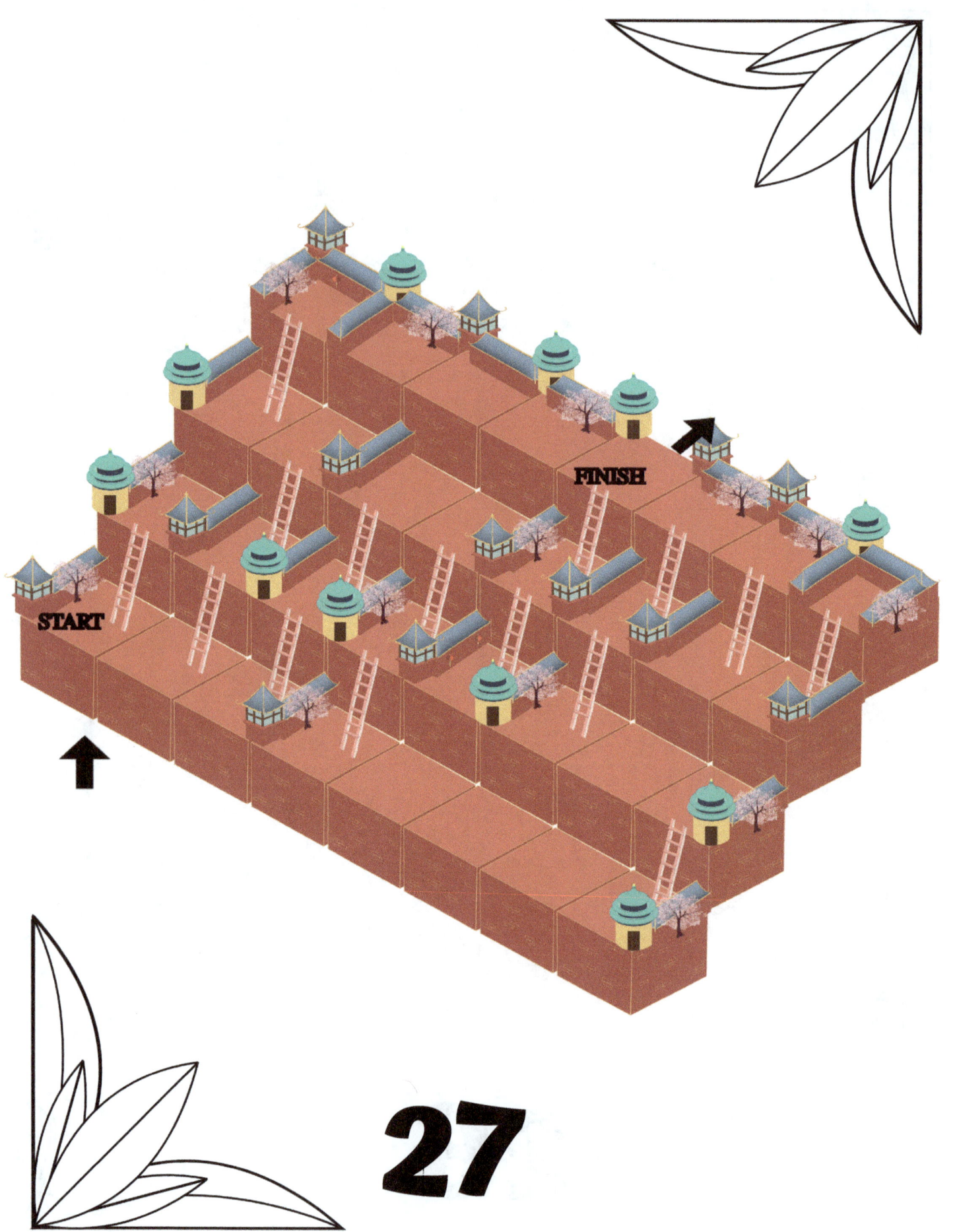

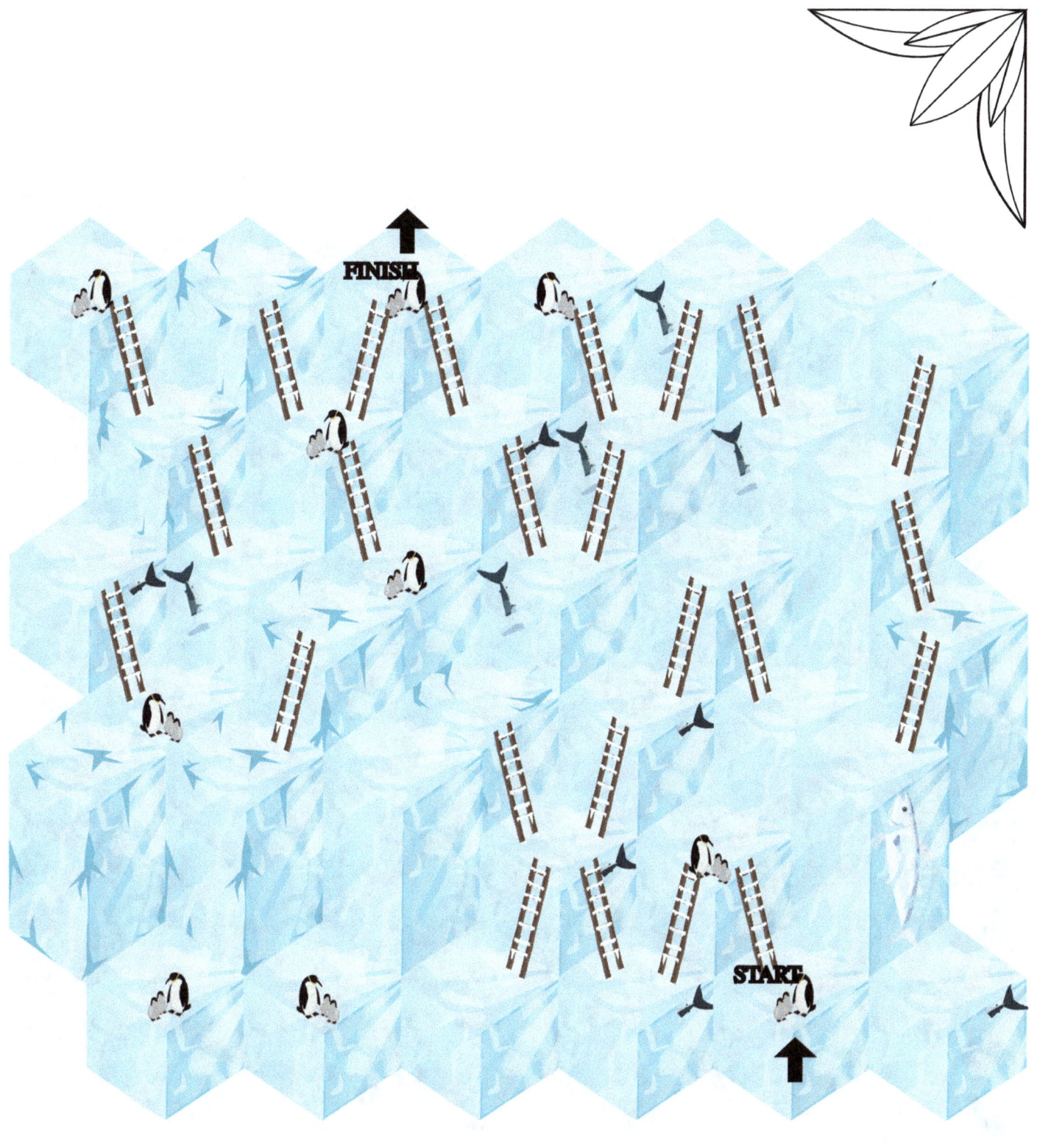

28

29

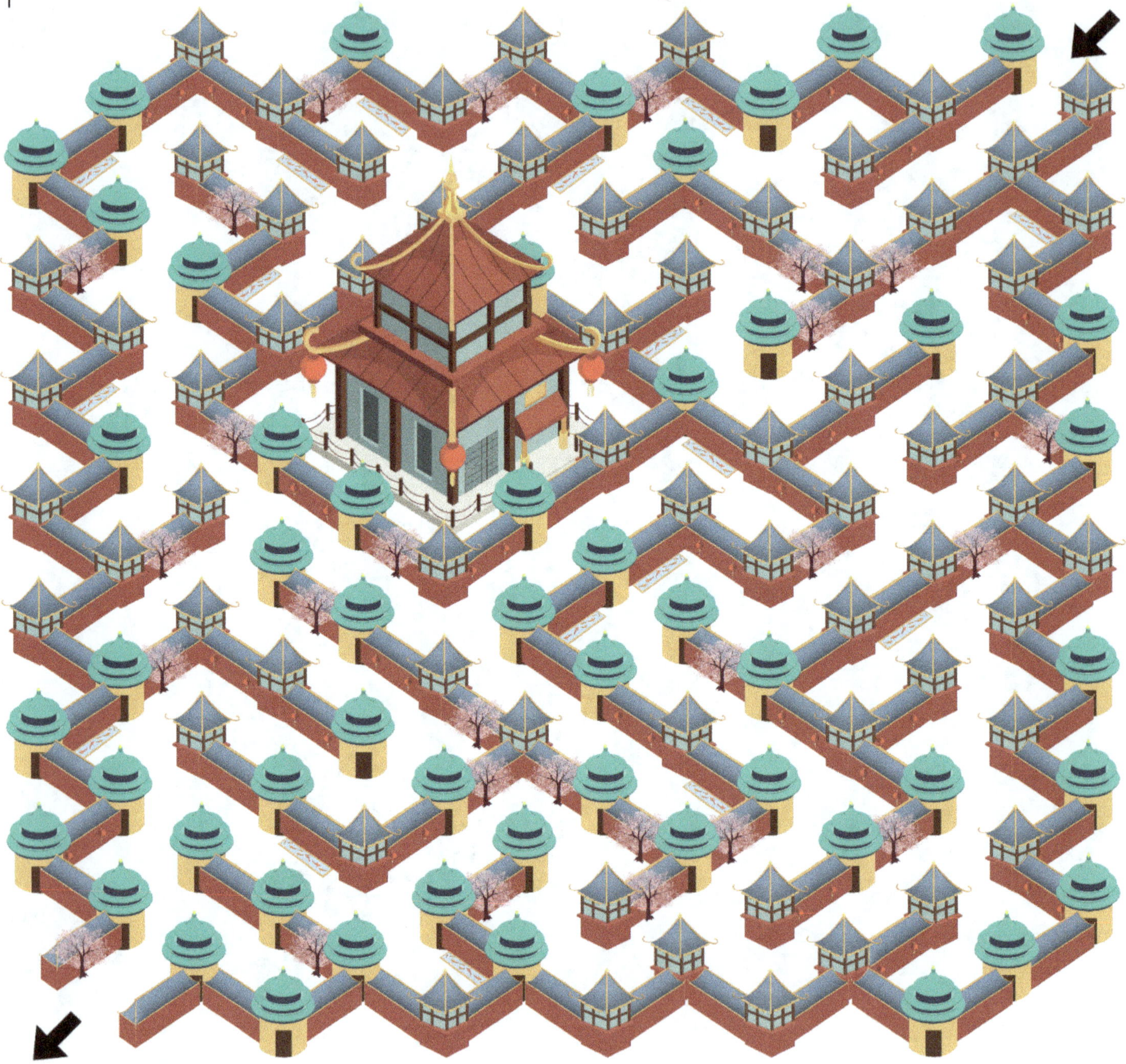

30

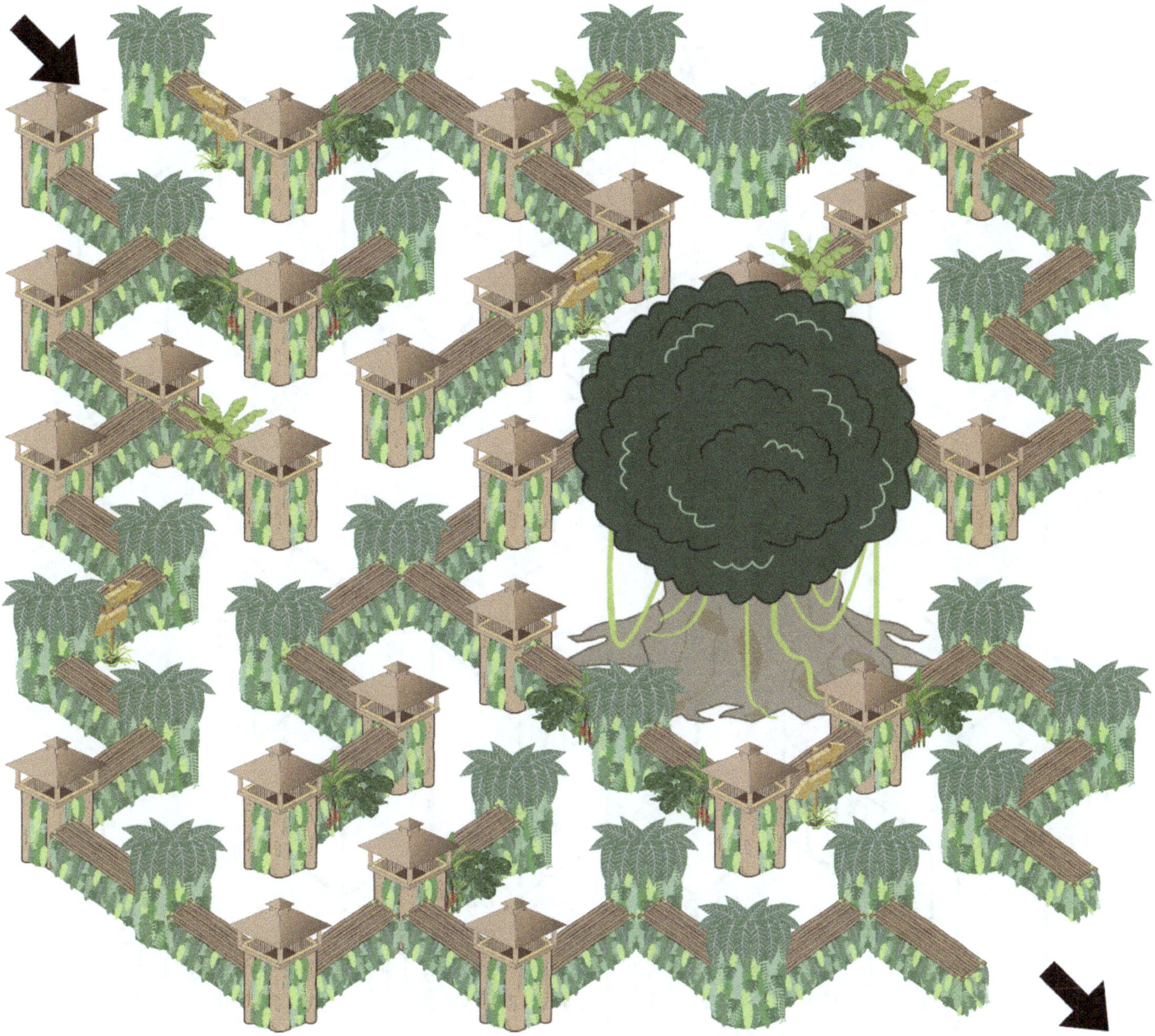

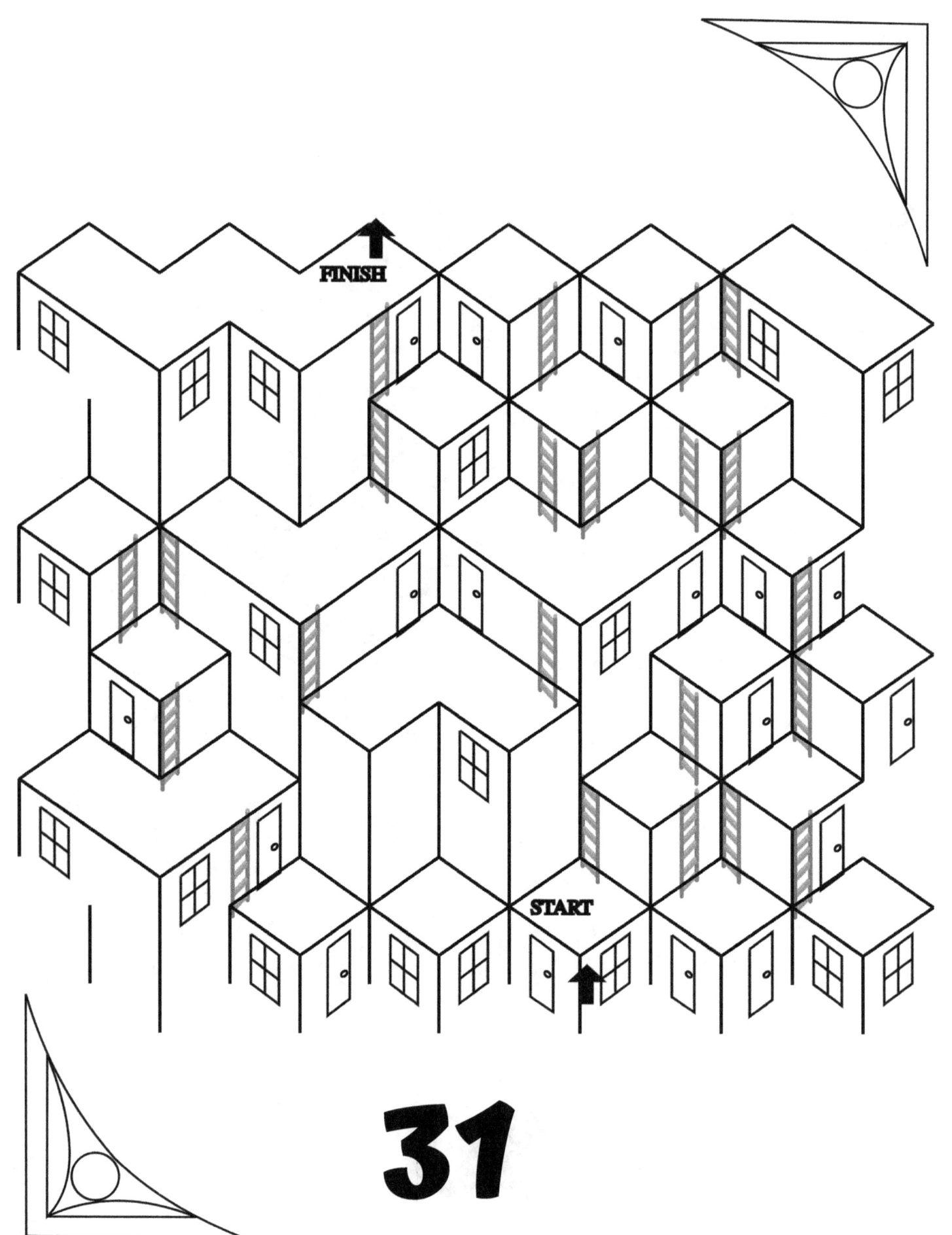

31

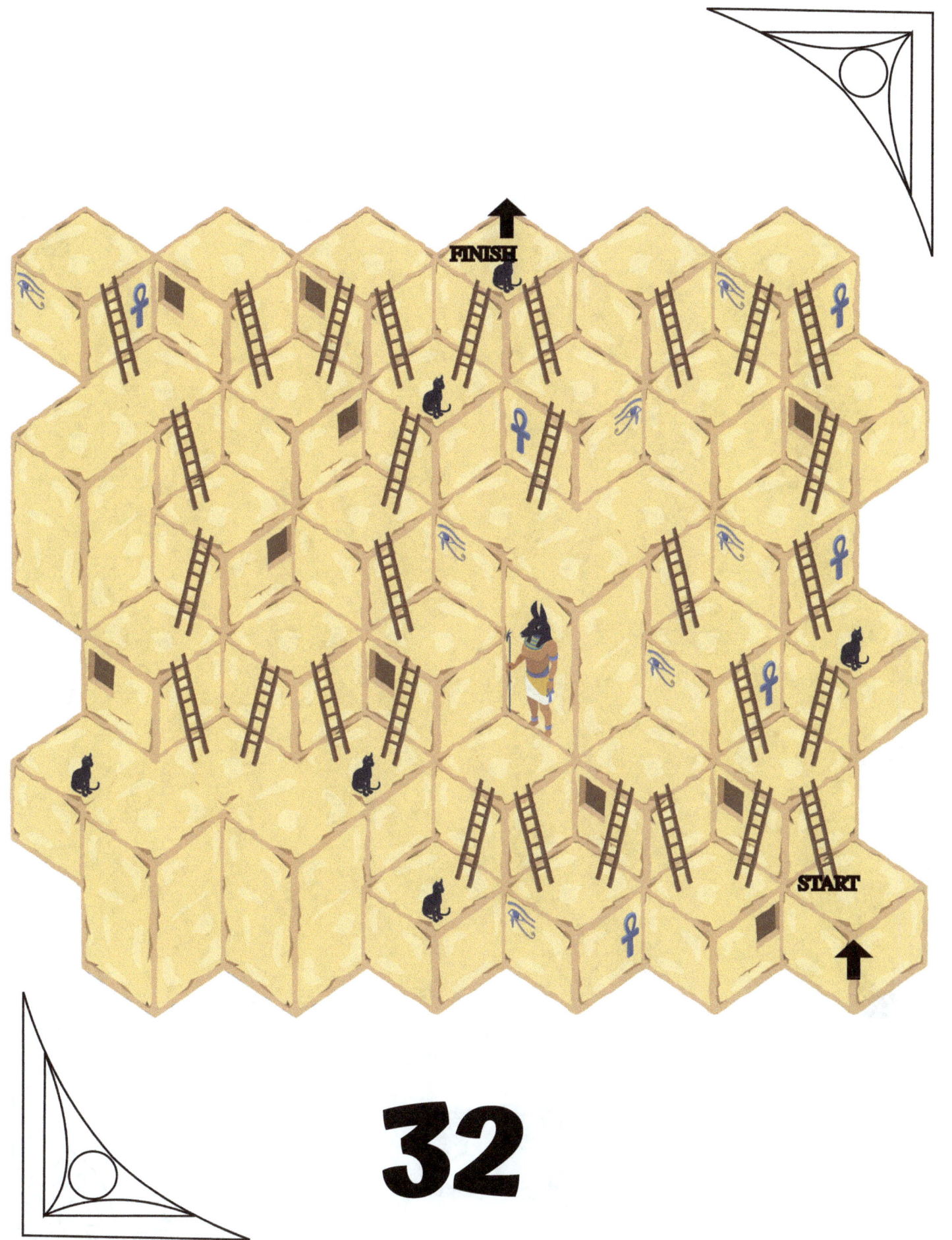

32

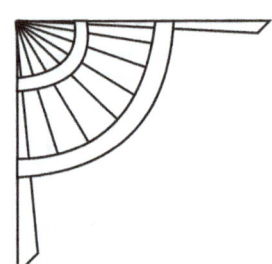

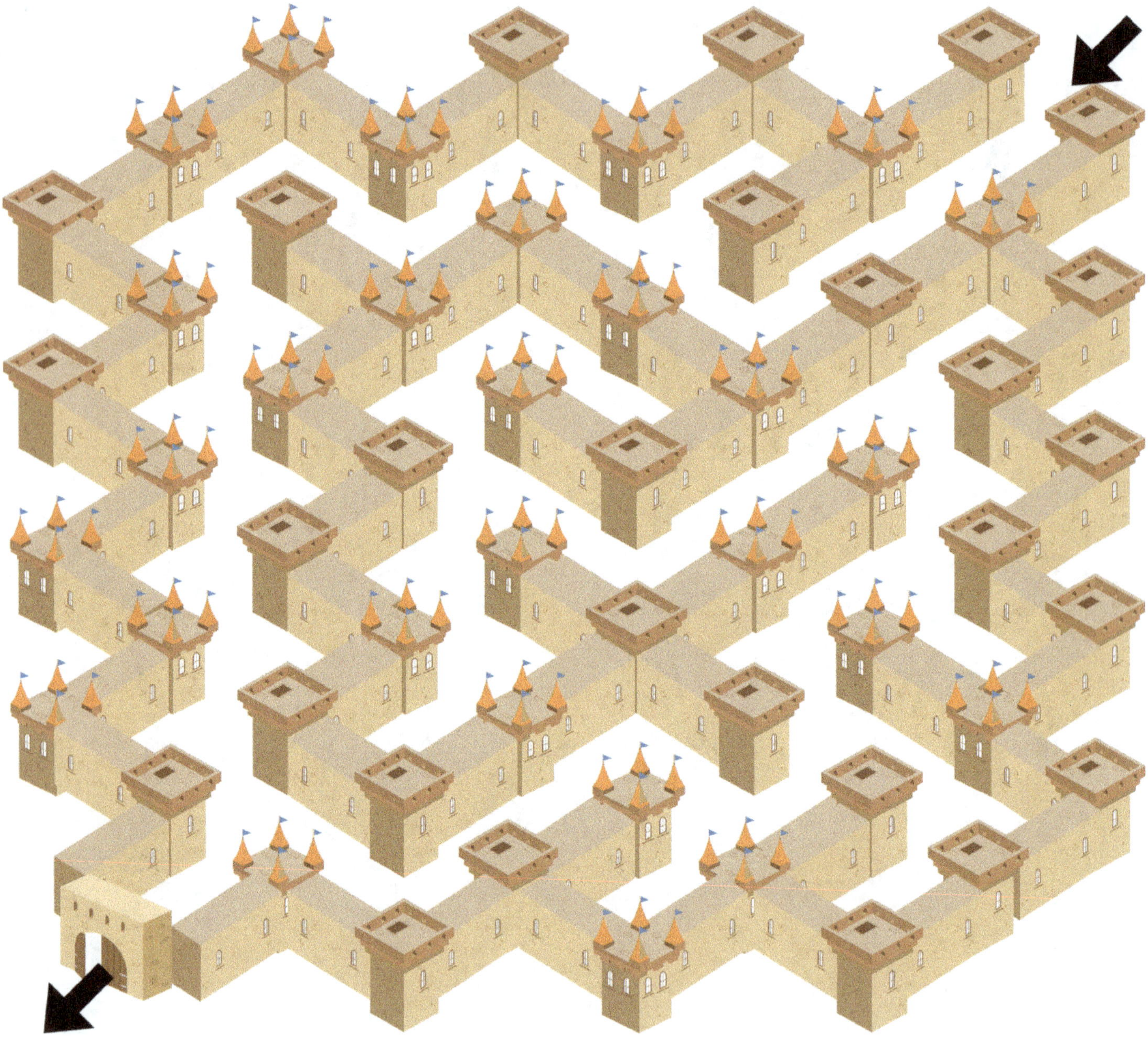

33

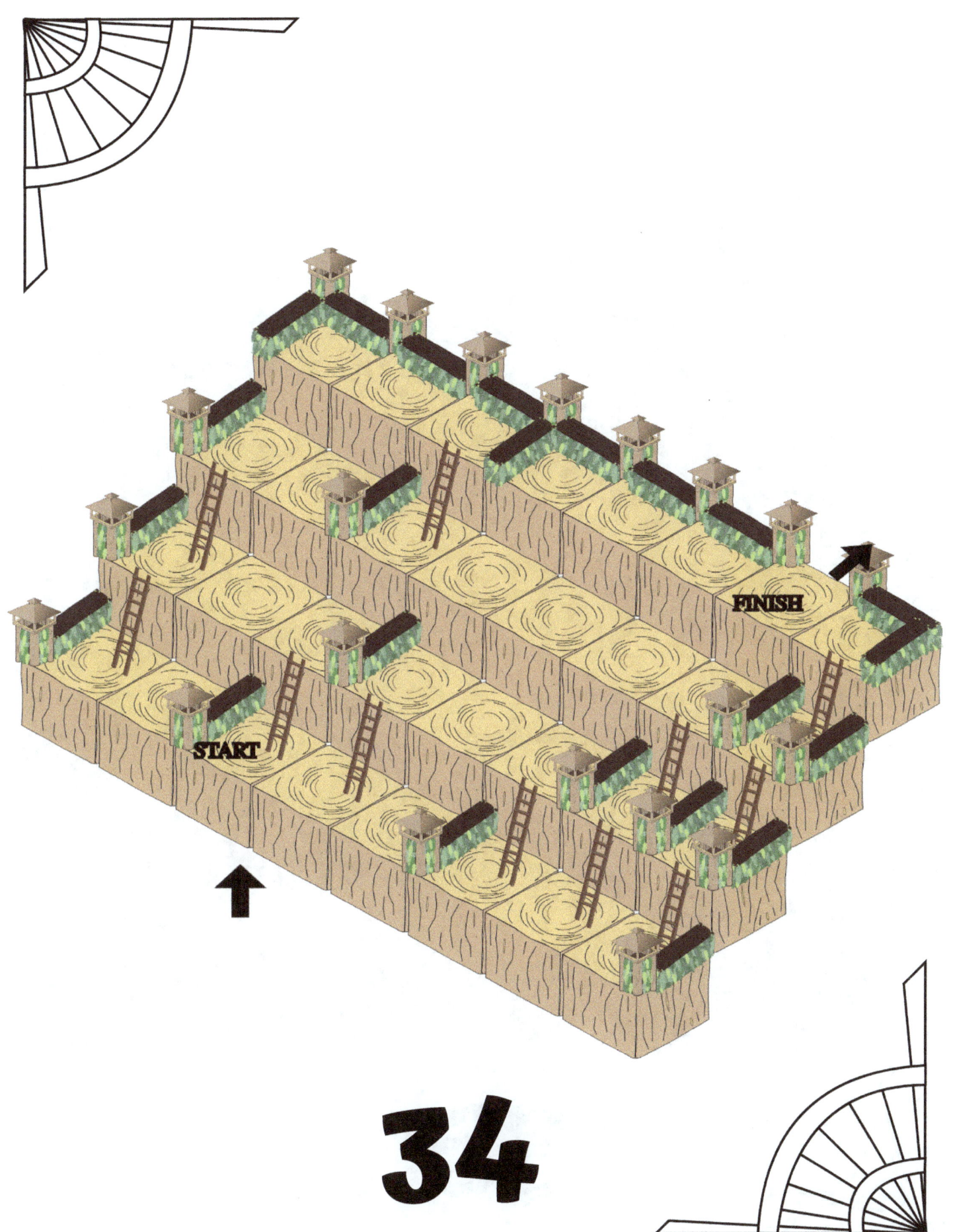

34

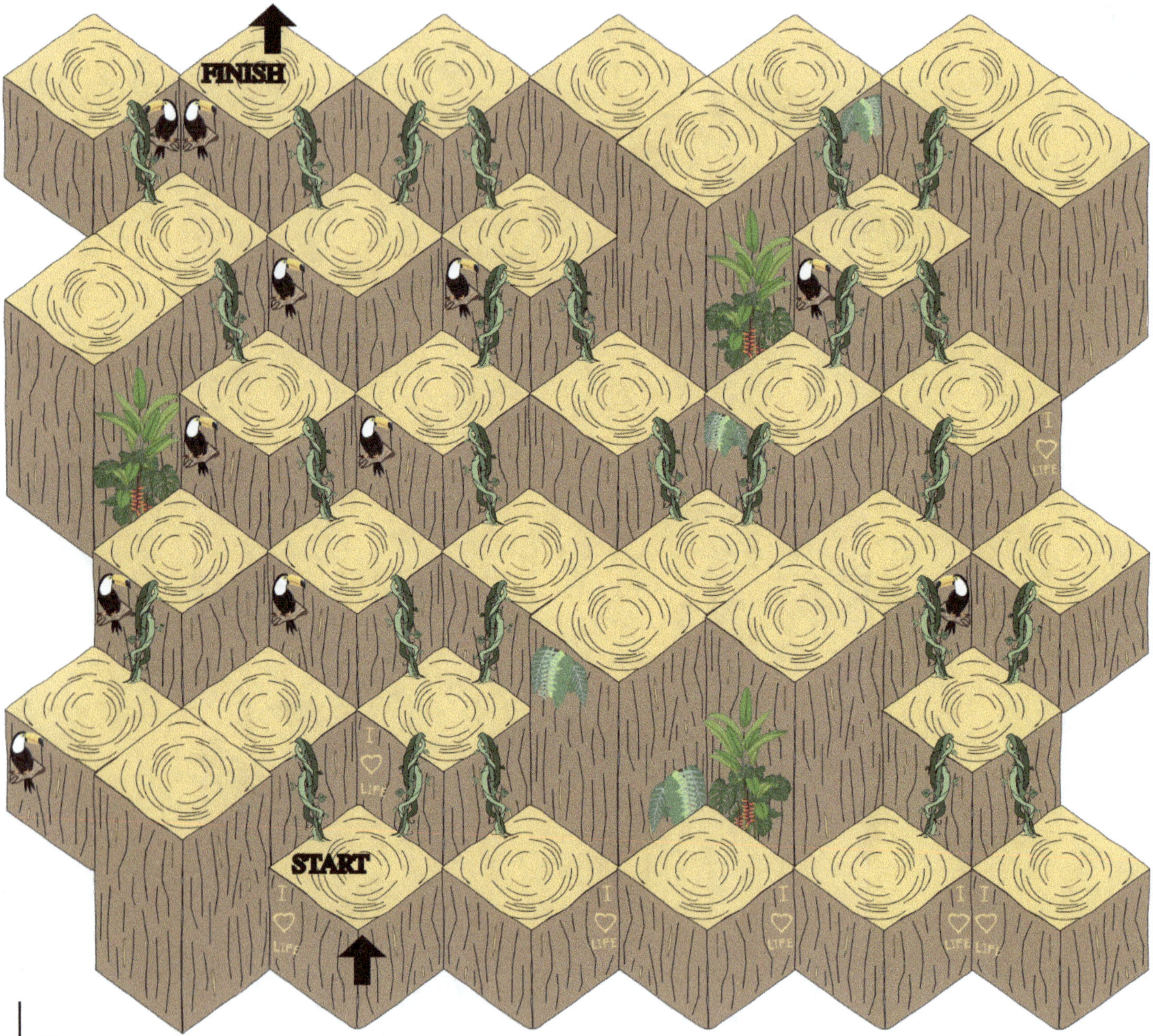

35

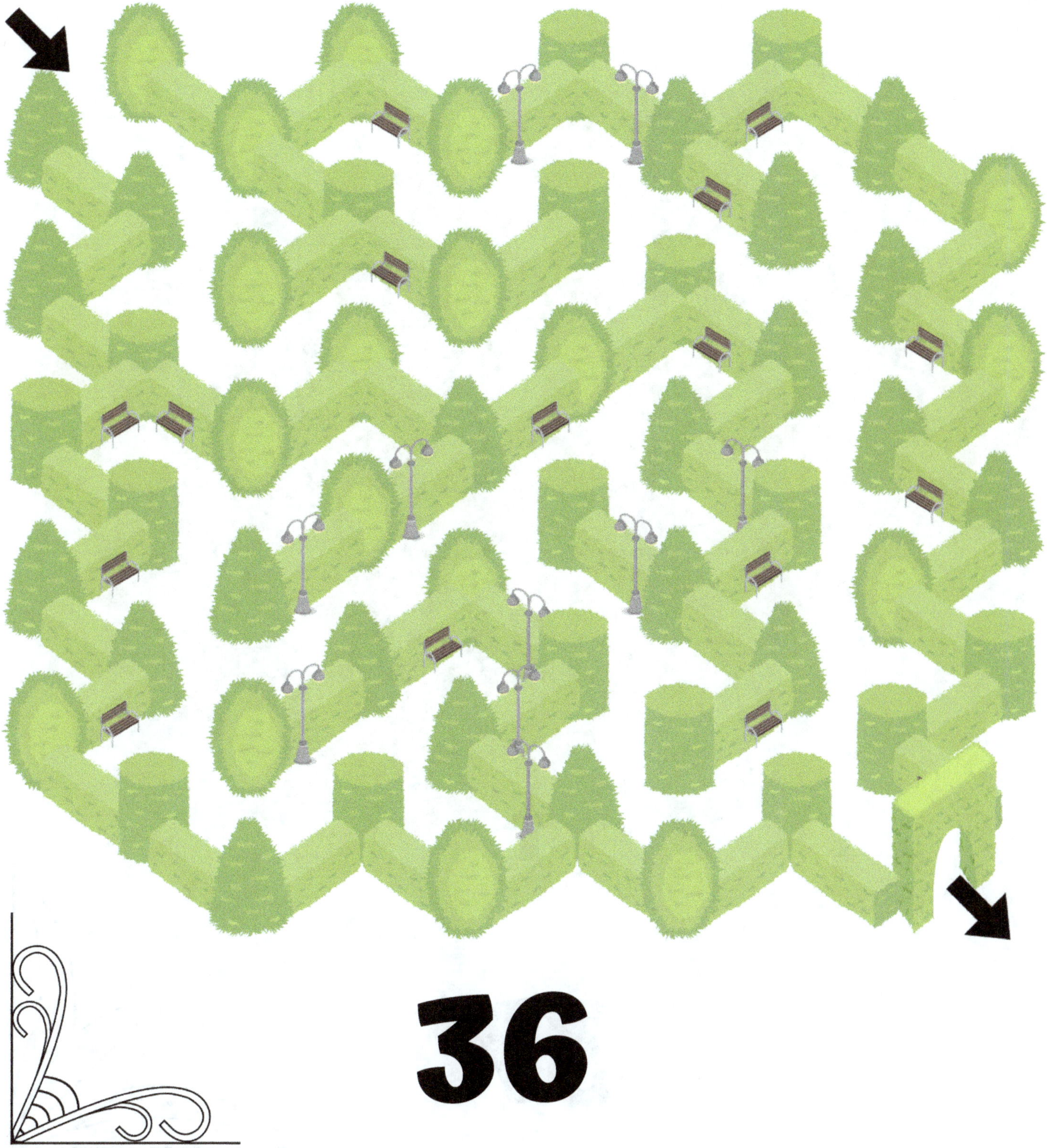

36

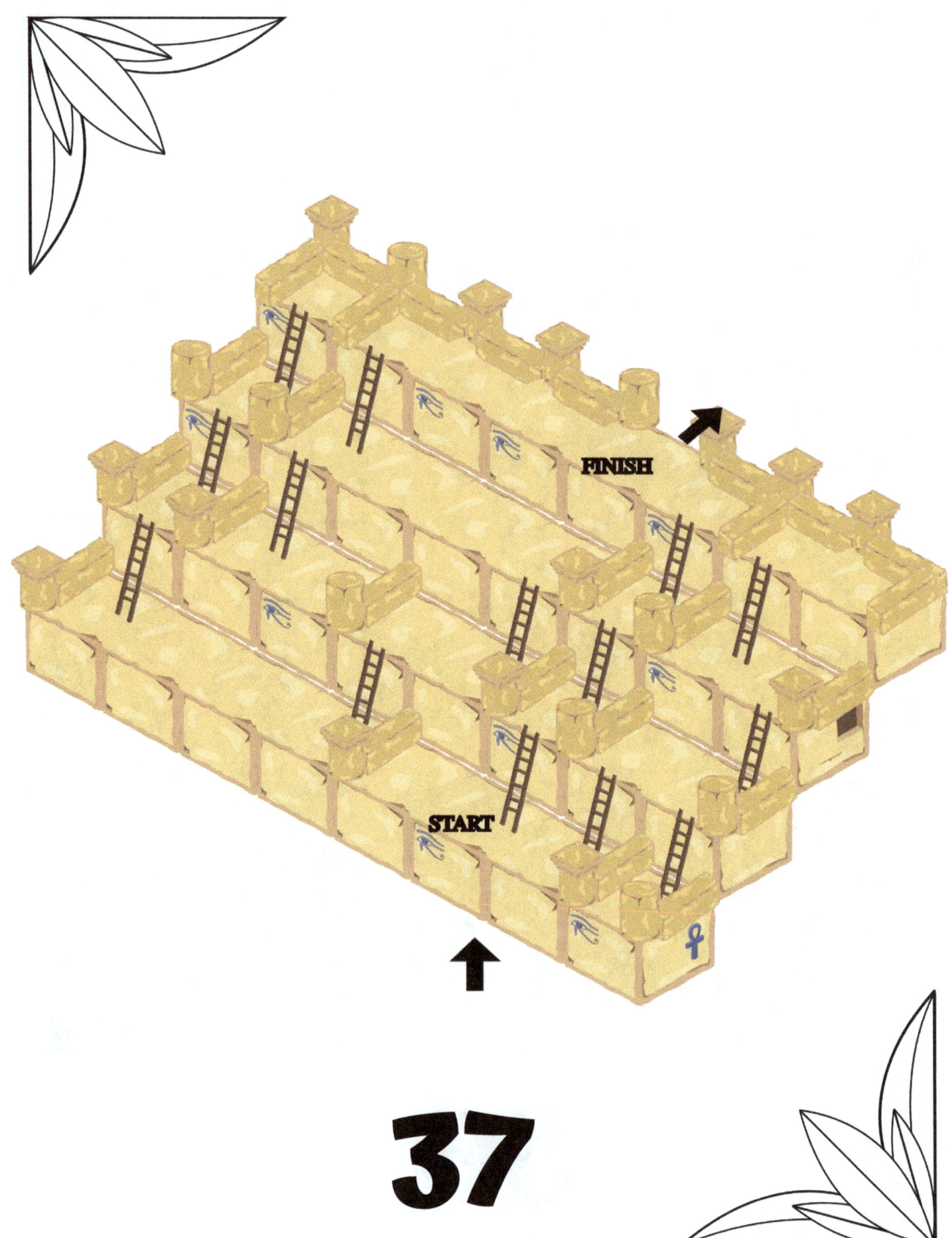

38

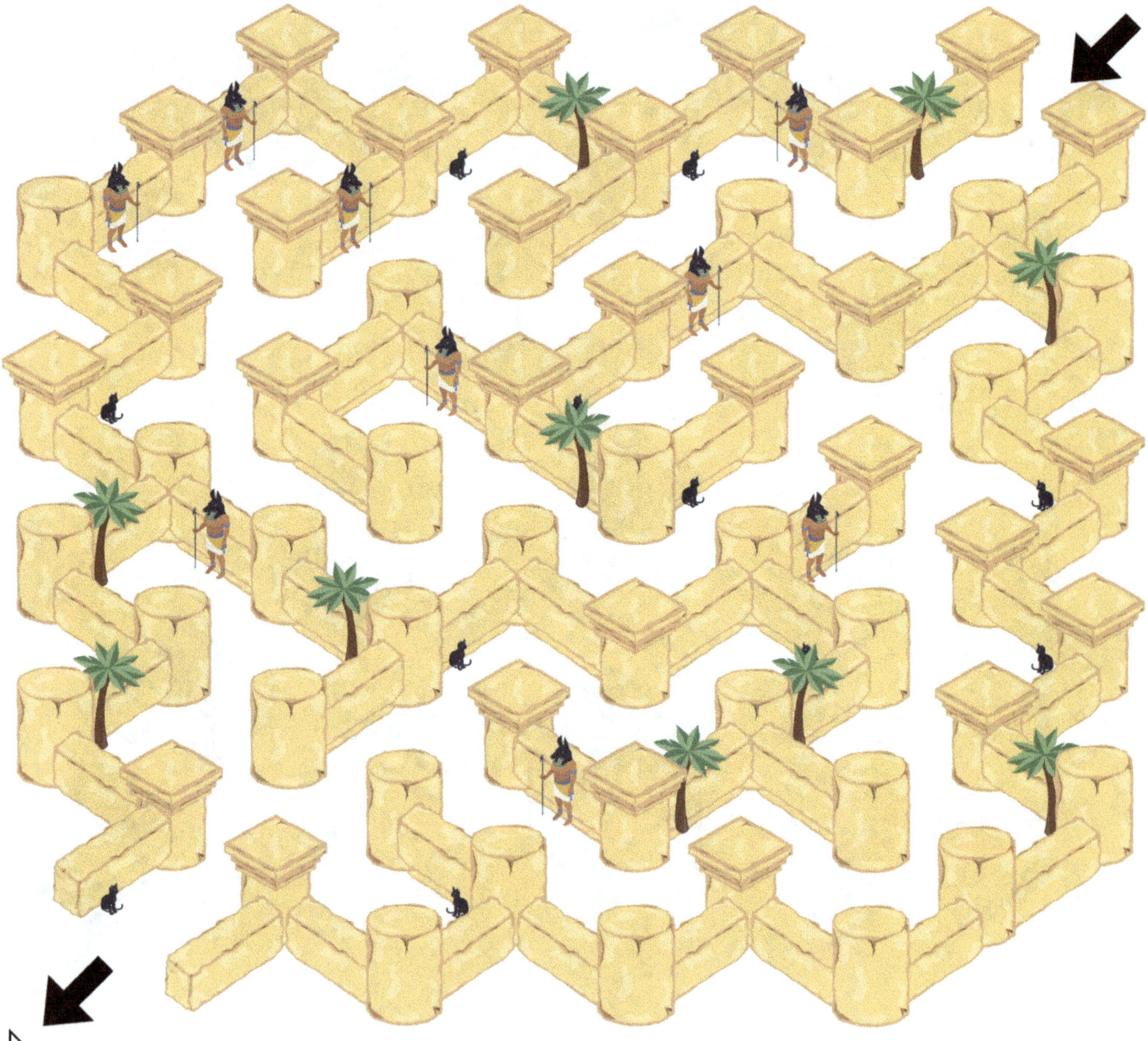

39

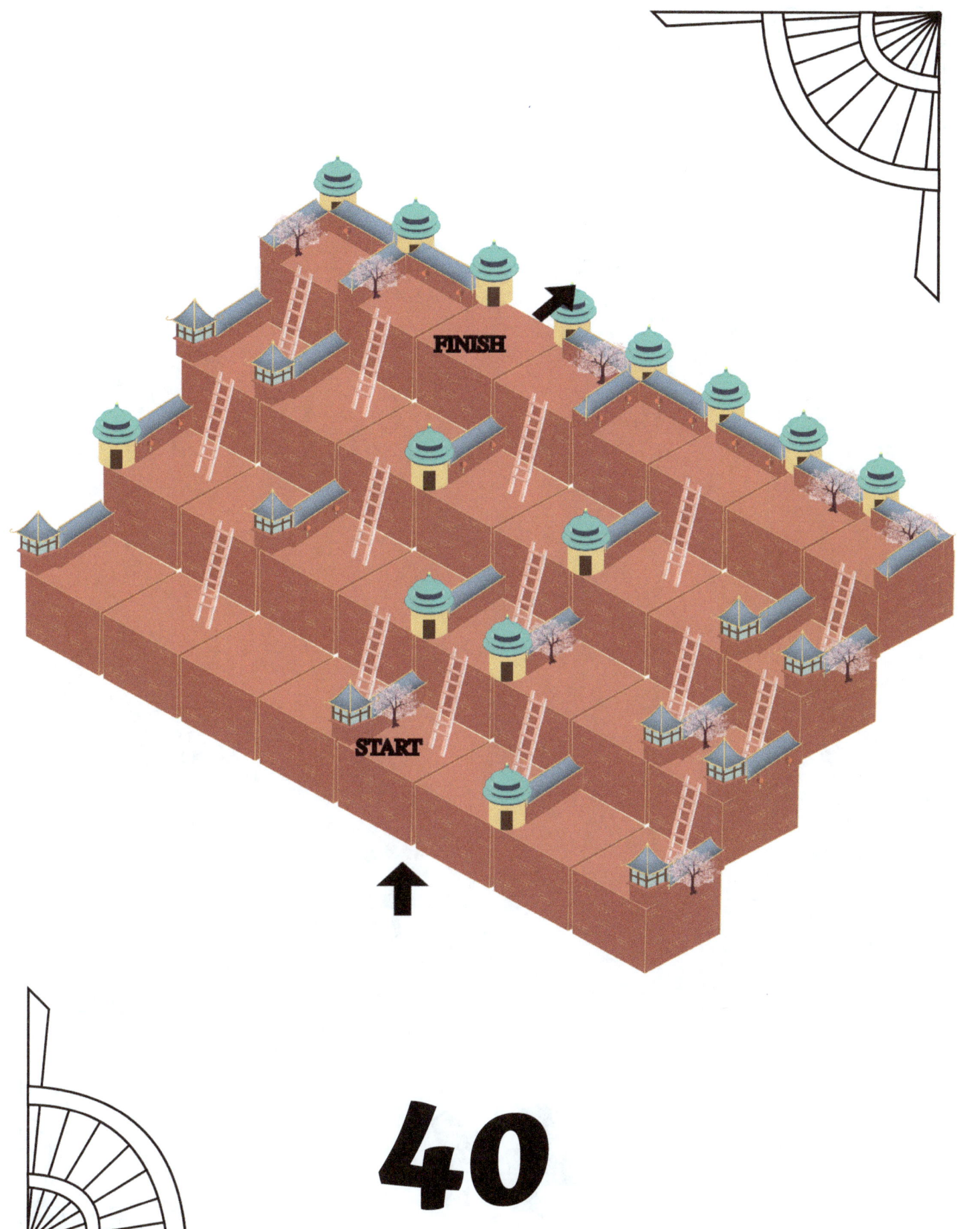

40

41

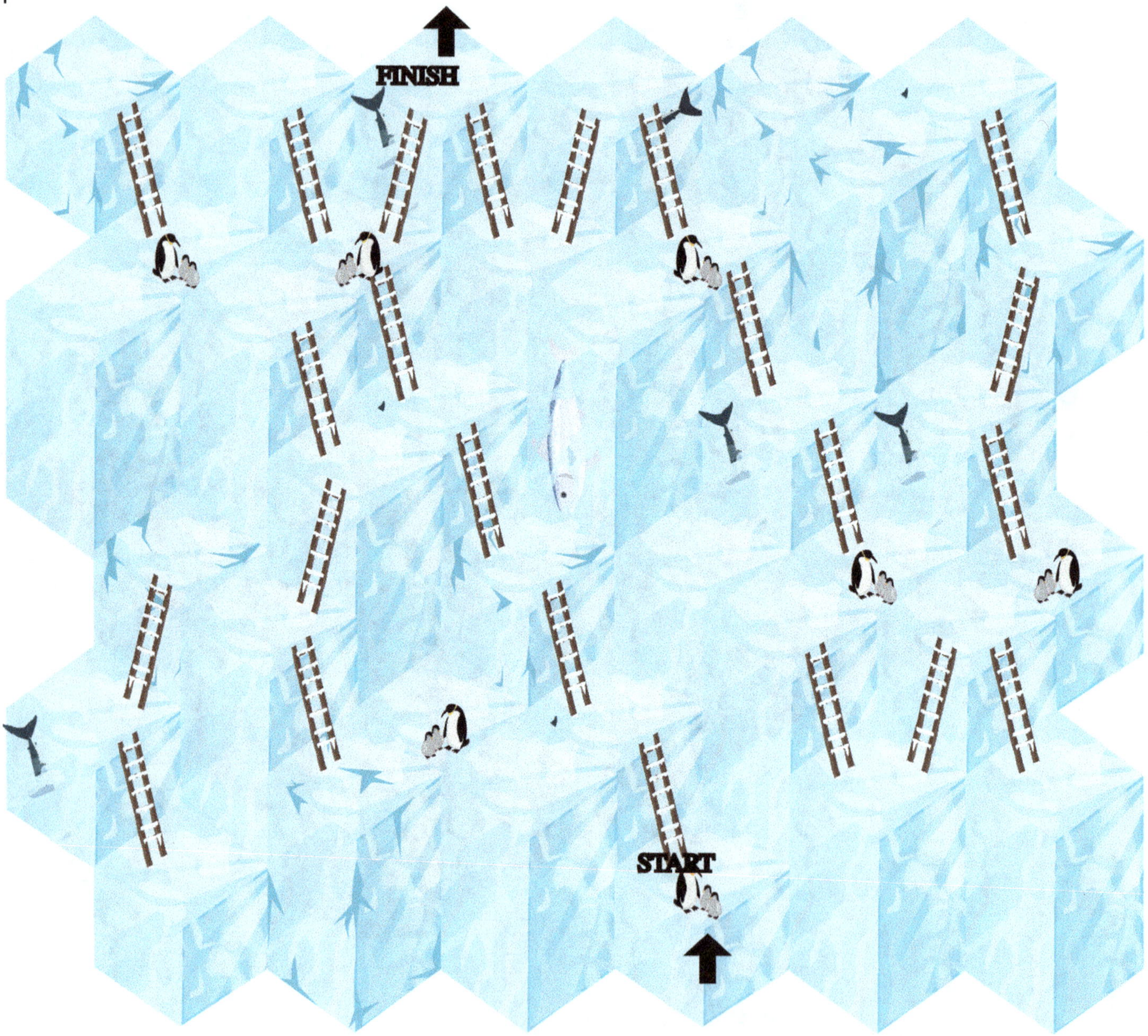

42

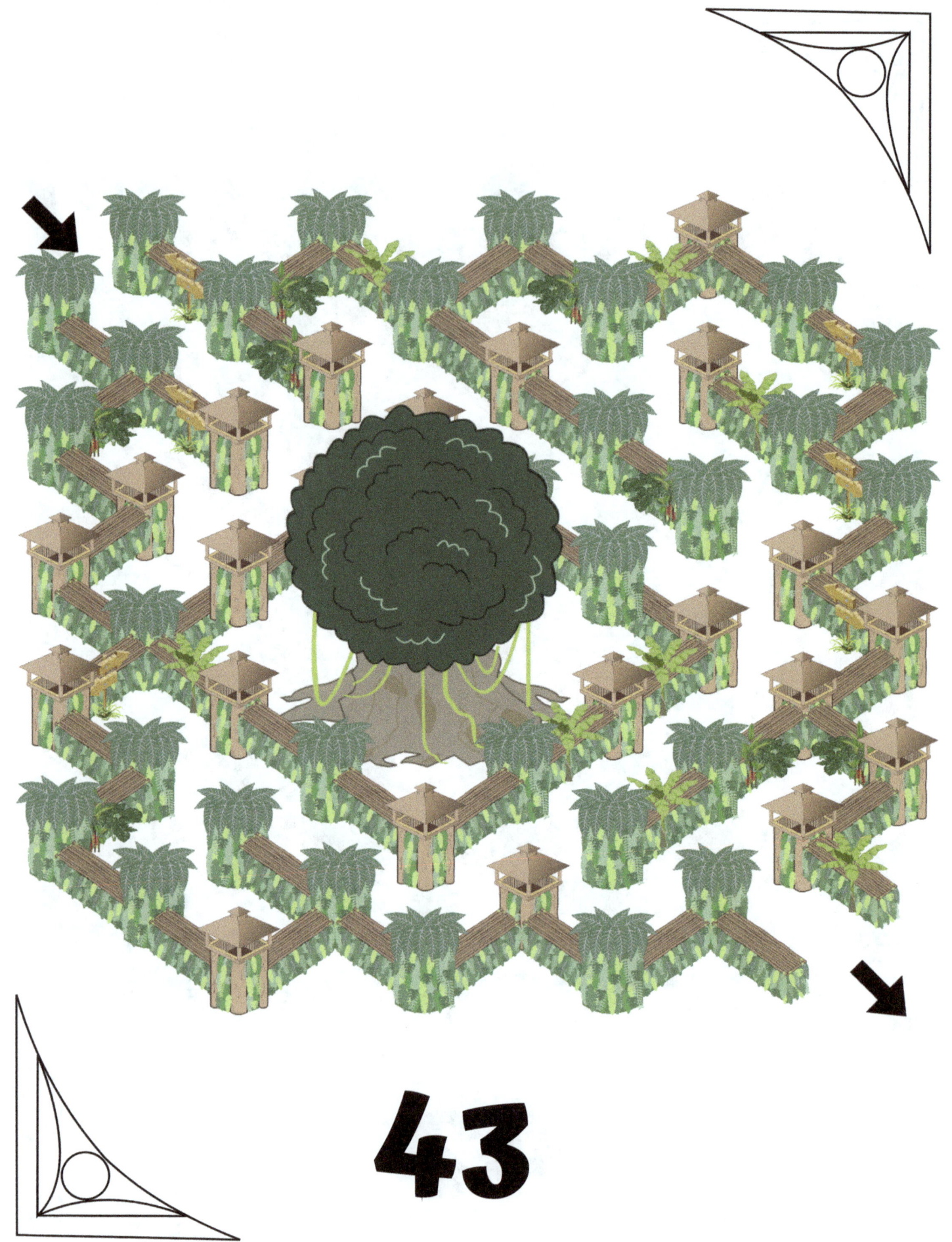

43

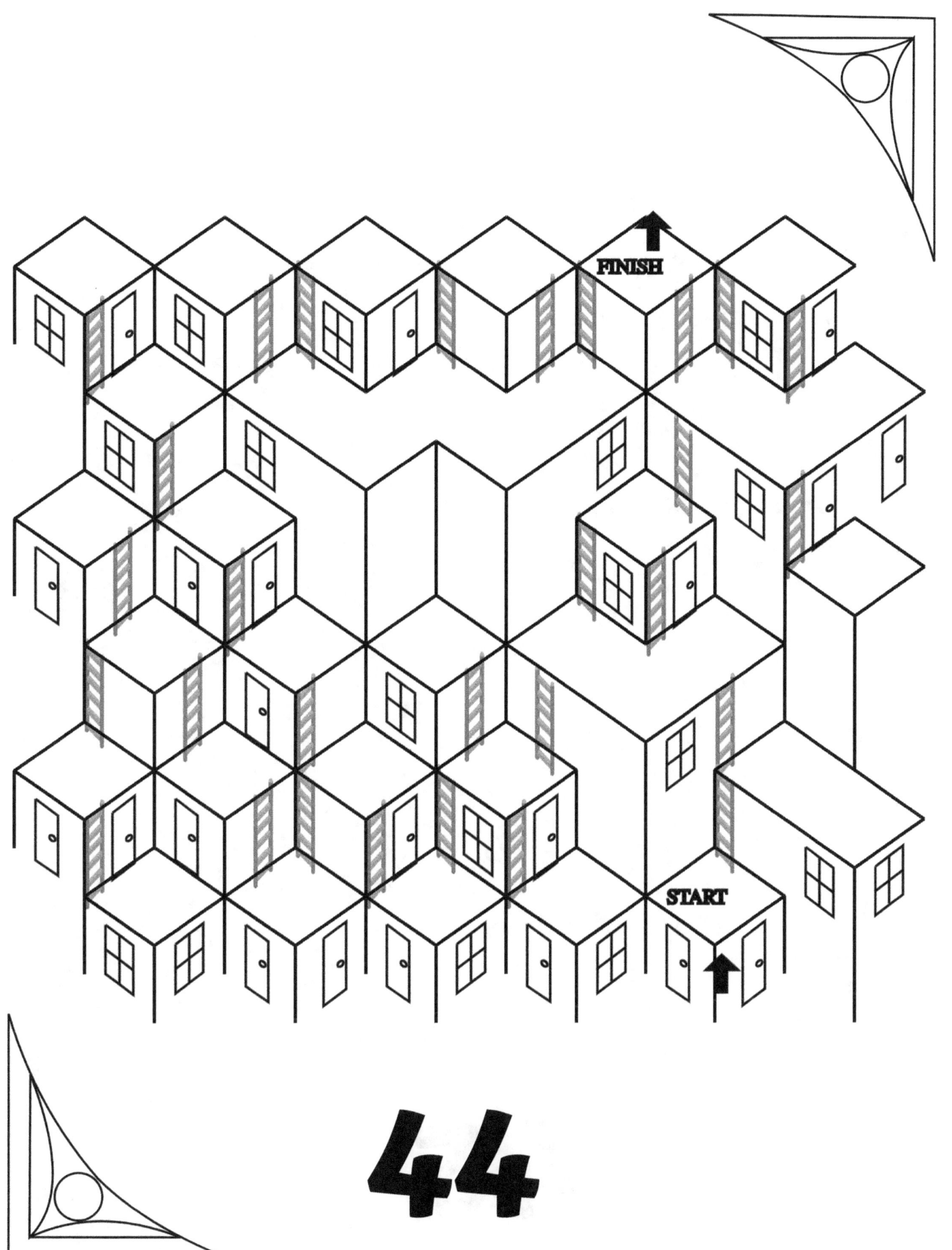

44

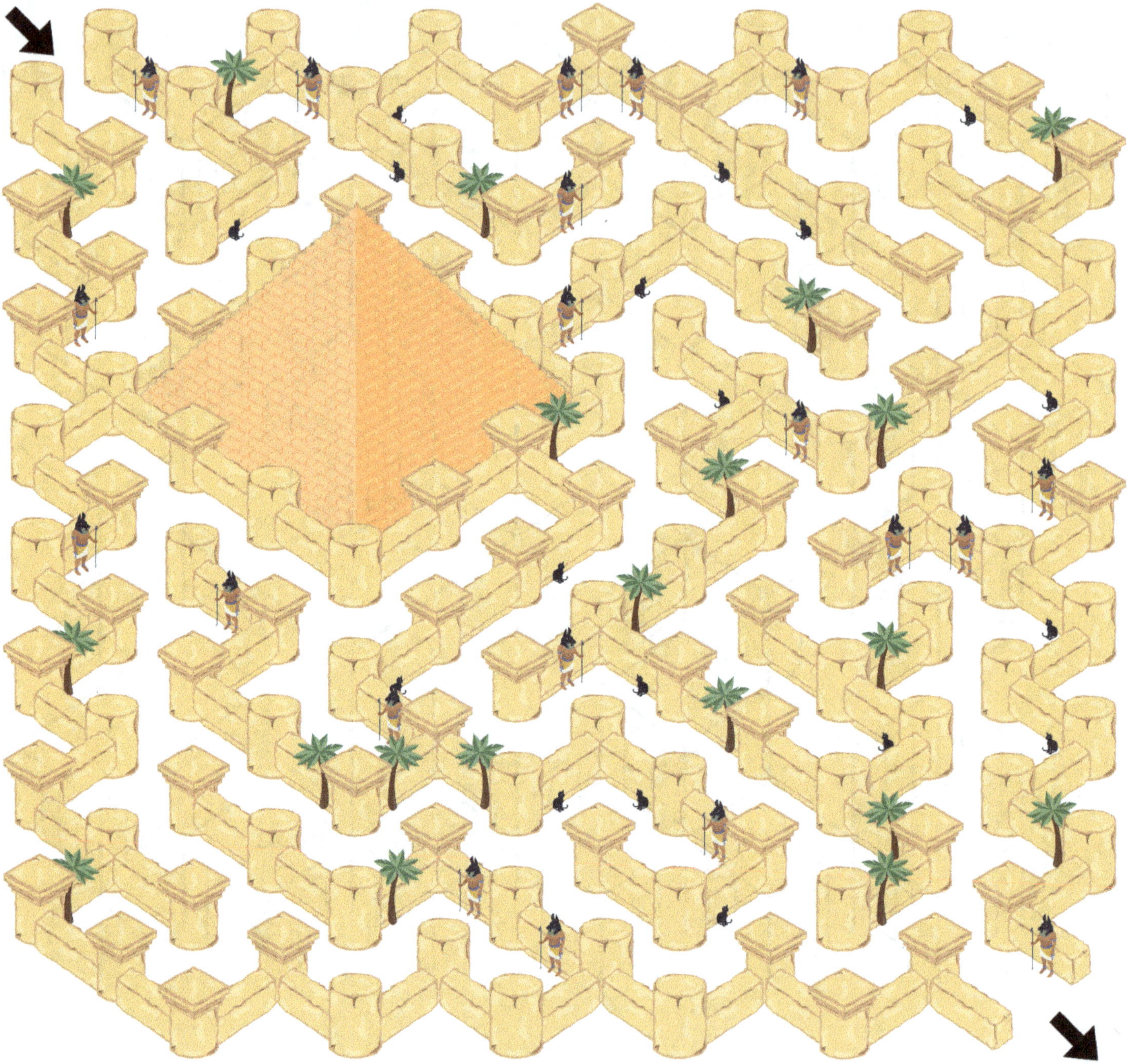

45

Solutions

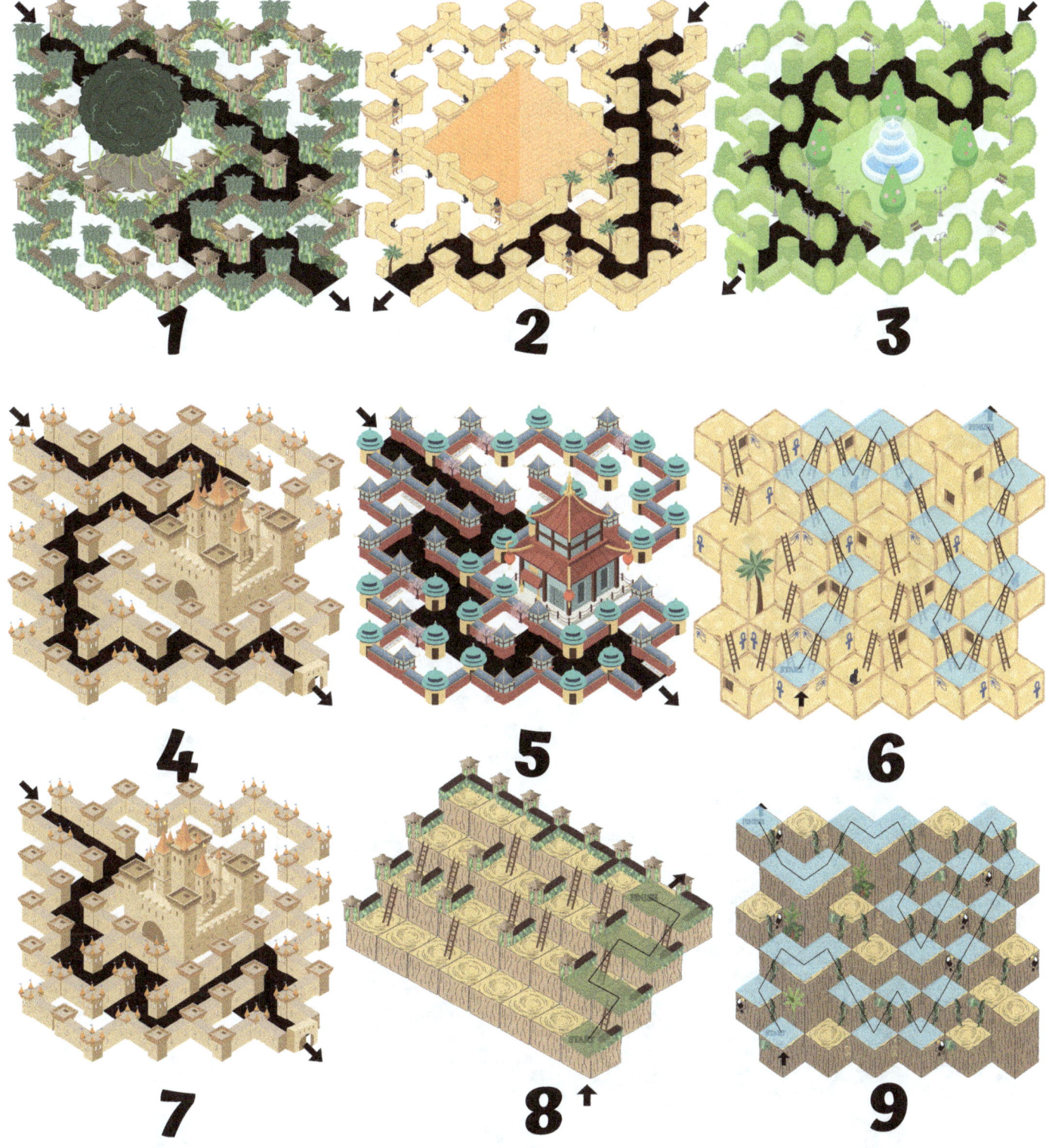

Solutions

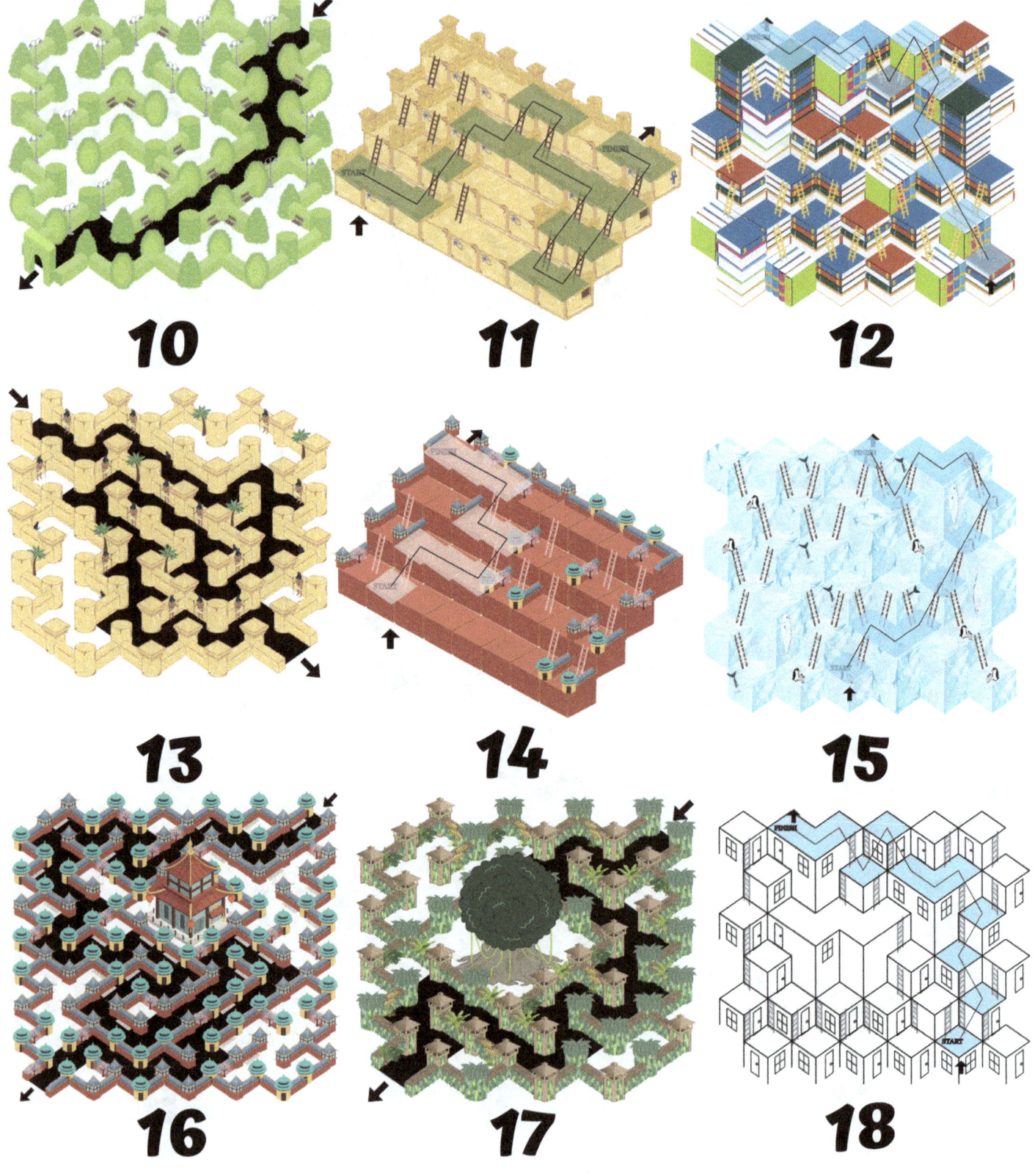

10 11 12
13 14 15
16 17 18

Solutions

19 20 21
22 23 24
25 26 27

Solutions

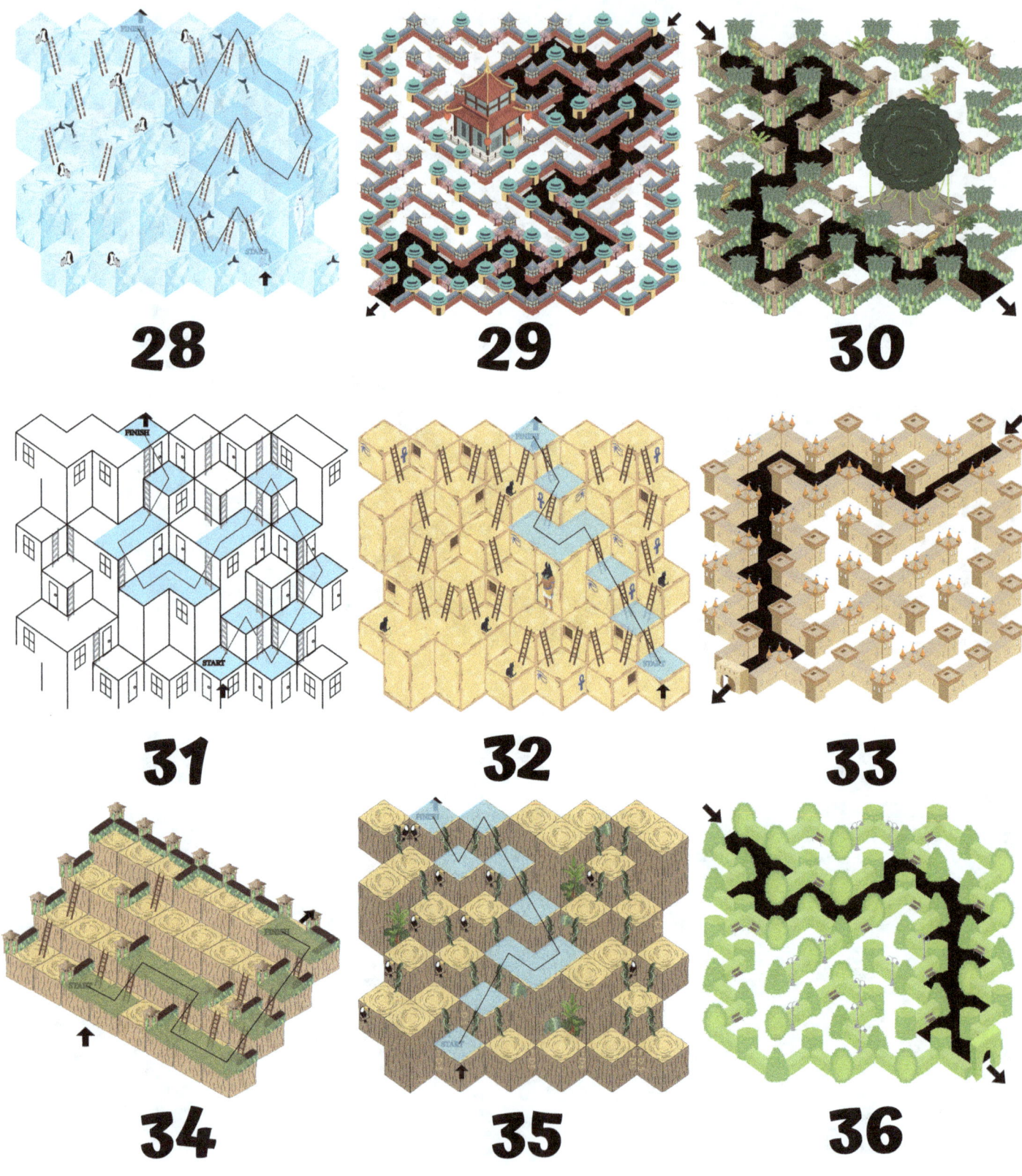

28
29
30
31
32
33
34
35
36

Solutions

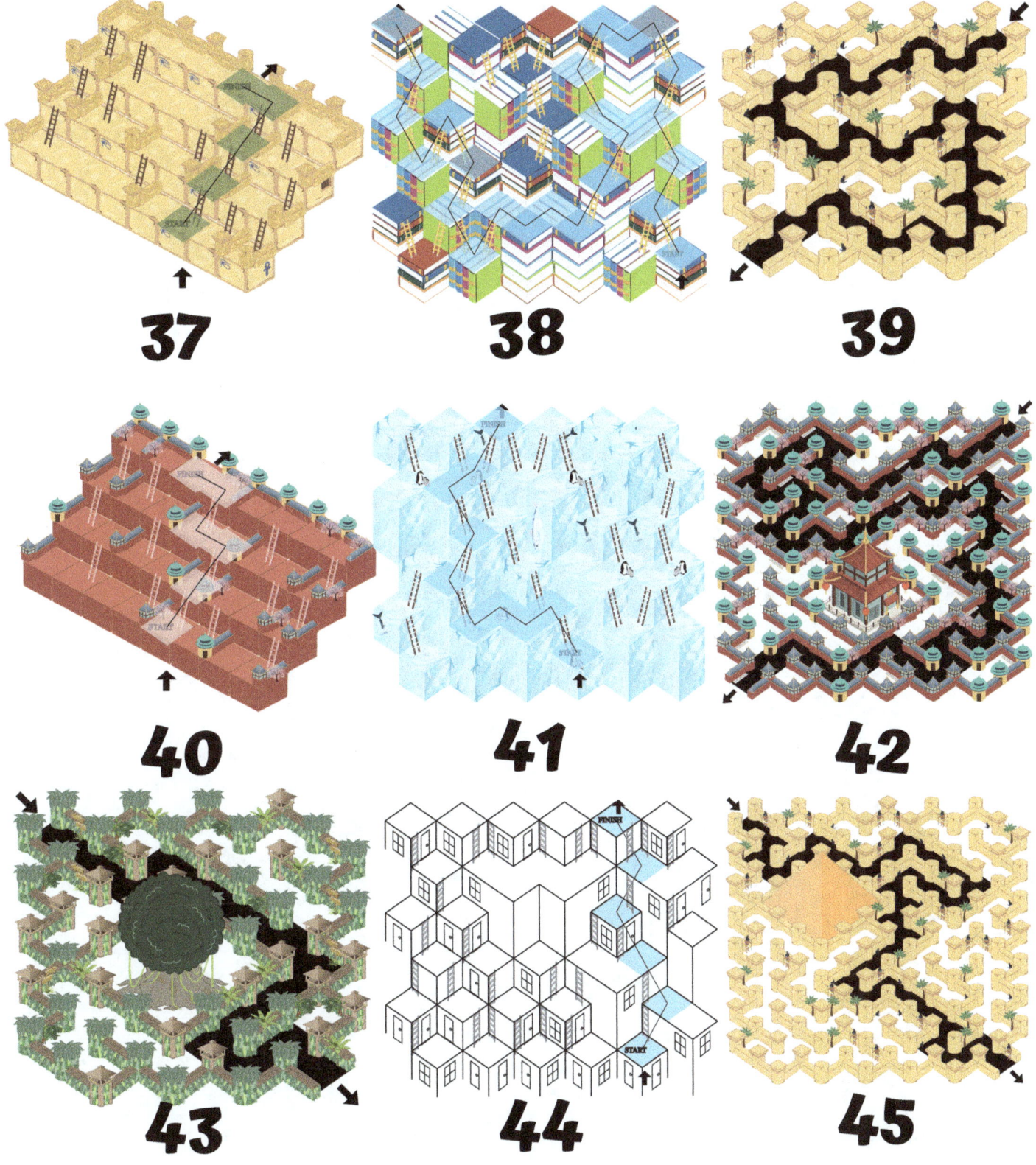

37 38 39
40 41 42
43 44 45

www.ingramcontent.com/pod-product-compliance
Lightning Source LLC
Chambersburg PA
CBHW081340080526
44588CB00017B/2687